D1619994

Les Passantes

Sylviane Roche

Les Passantes

nouvelles

BERNARD CAMPICHE EDITEUR

« Les Passantes »
quatrième ouvrage publié par Bernard Campiche Editeur
a été réalisé avec la collaboration de Line Mermoud
Maquette et couverture : Pajak & Pajak, Lausanne
Photographie de couverture : Pierre Fantys, Studio Odessa,
Lausanne
Photographie de l'auteur : Horst Tappe, Montreux
Composition : TransfoTexte s.a., Lausanne
Impression et reliure : Imprimerie Cornaz s. a., Yverdon-les-Bains

LES PARQUES

SAMUEL FAVRE était un très vieil homme. Il avait dépassé les quatre-vingts ans et prétendait ne plus compter depuis lors. Il montait lentement la ruelle, et s'arrêtait de temps en temps pour reprendre haleine. Il avait chaud, et l'impression que son chapeau lui serrait la tête.

« Quand je pense qu'autrefois je la montais à bicyclette !... » Autrefois, aussi, la ruelle du Tilleul grimpait entre des prés, des jardins, avec des forsythias en bordure du chemin. Il descendait de vélo pour en cueillir, en faisait une grosse botte qu'il liait avec un brin de paille, comme dans la chanson, et reprenait sa bicyclette en tenant le guidon d'une seule main. Les fleurs, c'était pour la maison grise qu'on voyait au bout de la ruelle, sur le replat. Elle s'appelait *Les Clématites*, et c'est là qu'il habitait quand il était enfant.

Samuel s'était encore arrêté et reprenait son souffle, adossé à un mur. « La dernière fois, je ne m'étais arrêté que trois fois en arrivant devant chez Jaccard, pensa-t-il, je baisse... Allons, encore deux pas... » *Les Clématites* étaient à cinquante mètres maintenant.

Il avait toujours gardé cette habitude de cueillir des forsythias, en saison, et même longtemps après avoir quitté, lors de son mariage, la maison de ses parents, il ne venait jamais leur rendre visite les mains vides. Il n'habitait pas très loin, vingt minutes à pied environ. Enfin, vingt minutes dans ce temps-là... Il retournait aux *Clématites* deux fois par semaine, ponctuellement, le jeudi soir pour souper, puis le dimanche avant le culte, car sa mère et ses sœurs l'attendaient, et ils allaient à l'église tous ensemble. Les premières années avec Alice, bien entendu. Puis, après qu'elle fût tombée malade, sans elle. « Combien de semaines, de jeudis soir et de dimanches matin ? J'avais vingt-huit ans... » Il prétendait ne plus s'intéresser à son âge exact, mais ce soir, il ne manquait pas de points de repère : « Anna avait quatre-vingt-cinq ans, c'est écrit sur le faire-part. *Le 6 mai 1982, Mademoiselle Anna Favre est entrée paisiblement dans la paix du Seigneur, à l'âge de quatre-vingt-cinq ans...* »

— Quatre-vingt-cinq ans ! marmonna Samuel comme s'il en prenait seulement conscience à cette minute, et elle avait juste deux ans de plus que moi...

Cinquante-cinq ans... Cela fait cinquante-cinq ans que j'ai épousé Alice et que je monte la ruelle du Tilleul, le jeudi soir...

Il arriva devant la maison grise et s'assit lourdement sur les marches du perron pour s'éponger le front. Pas pressé, aujourd'hui, point d'impatience. Aucun rideau de dentelle, à peine retombé, ne danse doucement sur la fenêtre de la cuisine. Aucun petit pas pressé derrière la porte, et la porte ne s'ouvrira pas avant même qu'il ait laissé retomber le marteau. « Adieu, Samuel, te voilà enfin, la tourte sera toute sèche! Donne-moi tes fleurs je vais les mettre dans l'eau, non mais Emilie, regarde-moi ça, il a encore un chapeau neuf! Tu finiras sur la paille. Allez, on se met directement à table, parce que tu sais qu'on n'aime pas veiller, surtout Lucile, tu sais comment elle est, à huit heures il n'y a plus personne... »

Samuel secoua la tête. Il n'entendrait plus jamais ce bavardage parfois inepte ou venimeux, souvent geignard, intercalant les reproches et les plaintes, et que les six vieilles filles égrenaient tour à tour, l'une ressaisissant immédiatement le fil dès que la précédente s'arrêtait pour reprendre haleine ou aller chercher la soupière. Il n'écoutait pas ce qu'elles disaient, il les regardait, parce que leurs visages démentaient l'aigreur ou la sottise de leurs paroles et ne reflétaient que leur affection pour ce petit frère tant chéri qui venait dîner tous les jeudis soir sans jamais en oublier un seul. Elles le regardaient, extasiées, avaler leur bouillon clair ou leur

rôti trop cuit, lui réservaient la plus grosse part de
leur tarte aux pommes desséchée...

Il était là, assis sur ce perron depuis plus de cinq
minutes et rien n'avait bougé. Rien ne bougerait
plus. Huit jours auparavant Anna était *entrée paisiblement dans la paix du Seigneur*, et c'était la dernière.

« C'est mon tour », pensa-t-il en se levant et en
cherchant la clef dans sa poche. Et cette pensée le
rassura.

LE COULOIR de la maison était sombre
et sentait l'aigre. Une odeur de vieilles laines, de
vieux cuirs, de vieux tapis, de vieilles filles. Auparavant, la soupe fumante, le rôti prêt à être servi, la
pâtisserie dans le four, les fleurs dans les vases, la
recouvraient de leurs odeurs vivantes. Aujourd'hui,
il n'y avait plus qu'elle, triomphante. « Une sorte
d'odeur de mort », pensa Samuel en poussant la
porte du salon. Il s'arrêta un moment sur le seuil :
malgré la pénombre des volets fermés, il voyait
chaque détail de la pièce où rien n'avait bougé
depuis les quatre-vingts et quelques années que les
souvenirs avaient commencé à s'imprimer dans sa
mémoire. Mais comme il venait pour *trier les papiers*
avant que ses neveux ne viennent de Lausanne vider
la maison (« la mettre au pillage », pensa-t-il), il avait
besoin de lumière et alla ouvrir les volets. Sous l'éclat
du jour, il lui parut que l'odeur s'estompait. Sur la
table, il aperçut, posée à côté de son étui, une paire
de lunettes aux verres très épais. « Anna... » Il lui

sembla voir sa sœur ôtant un instant les lunettes de son nez – pour faire sa toilette peut-être – les posant là, à côté de l'étui, pour un temps si court qu'il n'était même pas nécessaire de les ranger, sans savoir que – comme tous les gestes quotidiens et machinaux de cette journée – celui-ci serait le dernier de son espèce. Sans savoir qu'elle ne chausserait plus jamais ses lunettes – ou celles d'une de ses sœurs – pour lire *La Feuille* ou la lettre de sa nièce Jeanine.

« Que faire des lunettes ? », pensa Samuel. Les lunettes sont comme une partie du corps, comme un membre vivant. On ne jette pas des lunettes. Il y en avait plus de dix paires dans un tiroir du buffet. C'était le cimetière des lunettes, quand, l'une après l'autre, les six demoiselles Favre avaient cessé pour toujours d'en avoir besoin. On mettait leurs lunettes dans le buffet, les survivantes se partageaient les vêtements, cela ne les changeait guère, elles avaient toujours tout partagé. Et *Les Clématites* se refermaient sur la morte, absorbaient son absence. On en parlait plus tendrement que de son vivant, simplement. On ne disait plus « cette carne de Lucile, cette folle de Marthe », mais « cette pauvre Lucile, notre chère Marthe »... Et voilà. Non, rien n'avait bougé vraiment, aux *Clématites* depuis plus de quatre-vingts ans. Mais maintenant ? Maintenant, c'était la fin. Dimanche, la nièce Jeanine et son mari viendraient de Lausanne en camionnette et *trieraient* la maison.

— Et ce fauteuil, vous voulez le garder ce fauteuil, Oncle Samuel ? Parce que maintenant que Patrick s'installe... Samuel regardait le fauteuil capi-

tonné de velours grenat, usé, défraîchi. Les sculptu-
res du dossier étaient pleines de poussière. Quand il
avait trente ans, Samuel le trouvait affreux. Mais
aujourd'hui, il intéresse les jeunes, il paraît que c'est
la mode...

Le soir, le père Favre s'asseyait dans le fauteuil.
Il somnolait sur le journal, ne desserrait presque
jamais les dents. La mère, Lucile et Marguerite
terminaient de débarrasser, de ranger la vaisselle.
C'était les deux aînées. Marguerite ne disait rien.
Lucile ronchonnait toujours: Pourquoi était-ce toujours à elles de *relaver* alors que Marthe pouvait bien
s'y mettre aussi? Mais Marthe, la troisième, réussis-
sait bien à l'école et faisait du piano. C'était elle que
le père préférait:

— Marthe, fillette, joue-nous donc une petite
chose. Et Marthe prenait ses airs de princesse qui
agaçaient Lucile et se mettait au piano. C'était la plus
jolie, Marthe. La seule qui se commandait des
chapeaux à Yverdon, et y allait, quelquefois, pour les
essayages. La seule aussi qui n'avait pas passé sa vie
aux *Clématites.*

Un jour, elle venait de terminer l'école, elle
s'était terriblement disputée avec Lucile qui lui avait
reproché ses chapeaux, ses courses en ville, ses
leçons de piano, tout cela *volé* à ses sœurs. Pour une
fois, Madame Favre avait pris le parti de l'aînée et
déclaré qu'effectivement, Marthe avait *mauvaise
façon.* Il faut dire que la grosse femme éperdue,
enlaidie par sept enfants qu'on lui avait faits sans lui
adresser la parole, aigrie et résignée, avait peine à

— 14 —

reconnaître pour sienne cette jeune fille qui *prenait des allures*. Et puis c'était la préférée du père... Marthe avait pleuré, crié qu'elle quitterait la maison. Elle devait avoir seize ou dix-sept ans, Samuel, à peine dix. C'était un soir, il copiait des mots dans son cahier bleu, assis à la table que Marguerite venait de débarrasser. Emilie et Anna pouffaient de rire dans un coin. Le père s'est levé d'un bond en criant:

— Allez-vous vous taire, charognes de bonnes femmes!

C'était si inattendu et extraordinaire qu'Anna s'était mise à pleurer. Marthe s'était enfuie dans les étages et personne n'avait plus rien dit...

Samuel frissonna. Pourquoi venait-il de revivre, si précisément qu'il se souvenait des bruits, de la place de chacun, de la couleur de son cahier d'écolier, cette scène vieille de... septante ans au moins? Septante ans... Maintenant, il aurait voulu retrouver exactement les âges, les visages... Quelques semaines plus tard, Marthe avait trouvé une place de jeune fille au pair à Yverdon, chez un notaire. Et Madame Favre pleurait sans larmes, les mâchoires crispées, et répétait « Quitter à dix-sept ans la maison de son père... », tandis que Marthe pliait ses trop nombreuses chemises de percale. « Elle avait dix-sept ans... », pensa Samuel avec étonnement. Jamais il n'avait repensé ainsi à cette époque, au départ de Marthe, à l'âge qu'elle pouvait bien avoir. Elle avait sept ans de plus que lui, elle faisait partie des *grandes*. Lui, il jouait avec Anna et avec Emilie qui n'avaient que deux et trois ans de plus...

Il essaya de se souvenir du visage de Marthe à cette époque, mais c'était impossible. La couleur du cahier, oui... Mais un visage de jeune fille enfoui depuis de si longues années sous celui d'une femme sans âge... Marthe était restée quarante ans chez le notaire, enfin, dans sa famille. Elle avait élevé tous ses enfants, surtout la plus jeune qui était née longtemps après son engagement. Elle l'emmenait avec elle quand elle venait en vacances aux *Clémati-tes*. La femme du notaire était de santé fragile et lui faisait entièrement confiance. La petite Lucienne l'appelait « Tante Marthe », puis, quand elle s'était mariée, à Lausanne, elle n'avait pu s'en séparer. Et Tante Marthe avait élevé les enfants de Lucienne, qu'elle considérait comme ses neveux et qui venaient tous en vacances aux *Clématites*. La plus jeune, c'était cette Jeanine qui monterait dimanche avec son mari et que Samuel, lui aussi, appelait « ma nièce Jeanine ». Voilà que les petits-enfants du notaire d'Yverdon allaient se partager les meubles des *Clématites*...

Samuel secoua la tête : « C'est bien fait, puisqu'à nous sept, nous n'avons pas eu un seul enfant... Enfin, pas un seul enfant qui ait grandi » parce qu'il y avait la petite Françoise... « Mon Dieu, pensa Samuel, mon Dieu, qu'est-ce qui m'arrive ? » Il avait l'impres-sion que la maison était pleine de tous les fantômes de sa vie, et qu'ils venaient tous, l'un après l'autre, comme les artistes à la fin du spectacle, rejouer un petit bout, bisser une petite scène... Jamais il ne pensait à Françoise, ce bébé qu'une méningite avait emportée à deux ans. Et Alice qui n'arrivait plus à avoir d'autre enfant... Il pensait finalement rarement à Alice aussi. Il y avait si longtemps... Françoise aurait cinquante ans cette année. Alice ne s'était jamais remise de sa mort. Il revit le matin où ils l'avaient conduite à Lausanne en voiture, Lucile et lui. Quelques jours auparavant, elle s'était emparée d'un bébé que sa mère avait laissé quelques instants dans sa poussette, à la porte d'un magasin. A midi, quand Samuel était rentré, il l'avait trouvée rayonnante, nourrissant l'enfant avec de la compote:

« Françoise est revenue... » lui avait-elle annoncé gaiement. Les gendarmes avaient sonné avant qu'il ne soit revenu de sa stupéfaction... Jamais plus Alice n'était rentrée à la maison. Et Samuel était allé lui rendre visite chaque semaine également. « Ma vie aura été une succession de semaines toutes pareilles... » Il n'y avait pas trace de regret dans cette constatation. Existe-t-il des vies où il en soit autrement ?

Un jour, Marthe était revenue et avait repris tranquillement sa place aux *Clématites*. Les parents étaient morts, Lucile avait pris leur chambre. Marthe s'était installée avec Clotilde, celle du milieu, la *bobette*, celle qu'on oubliait toujours. Marthe n'avait plus *d'allures*. Elle restait coquette et jouait encore du piano. Mais elle avait soixante ans, et d'Yverdon à Lausanne, de Sodome à Gomorrhe, il ne lui était rien arrivé qui pût constituer un souvenir personnel. La paix avec Lucile était faite depuis longtemps. Et

Les Clématites, tranquillement, étaient entrées dans la vieillesse.

Samuel avait continué à venir souper chaque jeudi, à passer prendre ses sœurs chaque diman-che...

— Pourquoi ne viens-tu pas t'installer aux *Clématites*?, disait Anna, cela n'a pas de sens de rentrer tout seul chez toi...

Après la mort d'Alice, elles étaient toutes, d'une façon ou d'une autre, revenues à la charge. Quand il complimentait Marguerite, la cuisinière habituelle, sur un de ses ragoûts insipides :

— Bien sûr, mon pauvre petit, tu as besoin d'un foyer. Ce n'est pas une vie pour un homme seul, de manger n'importe quoi sur un coin de table...

— Maintenant, qu'est-ce qui te retient dans cette affreuse maison de la rue Centrale où tu n'as que de mauvais souvenirs?, disait Lucile avec son tact habituel.

Mais il avait tenu bon, sans trop savoir pour-quoi, par instinct. Non qu'il profitât outre mesure de sa *liberté* de célibataire. Cinq fois peut-être, en tout, il était descendu à Lausanne, épuisé de solitude. Mais, au matin, il revenait toujours plus honteux, horrifié de lui-même, guettant pendant trois mois la maladie rédemptrice. Et il y avait si longtemps... Non. Le soir, il s'attardait parfois, en sortant du bureau, avec quelques collègues. Pas longtemps, juste le temps d'avaler trois décis, car les collègues soupaient de bonne heure. Alors il rentrait doucement, achetait sa côtelette, et la mangeait tranquillement en lisant

La Feuille. Dès que ce fut abordable, il s'acheta la télévision. A part celle du café de *La Croix-Blanche*, ce fut la première de la ville. De Lucile à Anna, et presque dans cet ordre, les six demoiselles Favre se déplacèrent en procession jusqu'à la rue Centrale pour voir cela. Le *genre* du présentateur les choqua, à part Marthe qui faisait par derrière des clins d'œil à son frère. Clotilde avait lu dans une *brochure* (il y avait celles que distribuait le pasteur et celles qu'on prenait sur le comptoir à la droguerie) que les rayons de la télévision étaient mortels à long terme. Elles refusèrent catégoriquement l'offre qu'il leur fit de venir la regarder chez lui s'il y avait quelque chose qui les intéressât.

— Que veux-tu qui nous intéresse ? avait dit Lucile d'un air offensé, tous les spectacles sont impies.

— Et puis je ne vais pas commencer à sortir le soir, avait ajouté Marguerite d'un ton scandalisé.

— Pourquoi ne viens-tu pas t'installer aux *Clématites* ? avait répété Anna, tu pourrais la prendre avec, ta télévision.

— Pour qu'on attrape tous un cancer ! avait glapi Clotilde en sursautant.

« Pauvre Clotilde !, pensa Samuel, elle avait tellement peur du froid et des maladies… » Elle mettait ses pantoufles et ses bas à réchauffer dans le four, parce qu'elle avait froid aux pieds. Puis elle les oubliait, jusqu'à ce que l'odeur et la fumée donnent l'alarme. Elle mettait de l'eau à bouillir pour une de ces tisanes dont elle se gavait quasi exclusivement, et comme elle était sourde, elle n'entendait pas chanter la bouilloire. L'eau s'évaporait, la bouilloire fondait, et Clotilde somnolait tranquillement dans le fauteuil près de la fenêtre. Lucile finit par lui interdire la cuisine. Chaque matin, Marguerite lui préparait des litres d'eau bouillante qu'elle lui mettait dans un thermos pour ses indispensables *tisanes de santé*. Un jour, le thermos lui échappa et se cassa, lui ébouil-lantant les pieds. Le médecin, qu'elles appelèrent en dépit de ses protestations, ordonna de la transporter à l'hôpital. Clotilde, malgré sa souffrance, criait qu'elle ne voulait pas: « Non, Lucile, non! » hurlait-elle tandis qu'on la portait dans l'ambulance. Quand Samuel alla la voir le lendemain, elle le supplia de la ramener aux *Clématites*. Elle accusait ses sœurs des plus noirs complots:

— C'est Marthe, lui confia-t-elle, elle est d'ac-cord avec Lucile. Elle veut avoir la chambre pour elle toute seule... (elle baissa la voix) pour y faire venir son galant!

Samuel avait éclaté de rire:

— Tu es complètement folle, ma pauvre Clo-tilde, un galant aux *Clématites*!

— Je sais ce que je dis, avait insisté la vieille fille, les yeux brillants. Elle est d'accord avec Lucile, je te dis, pour se débarrasser de moi... Elles m'ont toujours détestée, et Marthe n'est qu'une traînée.

Son visage avait pris un air dur et gourmand à la fois qui stupéfiait Samuel.

— Elle en a fait de belles, à Lausanne, ajouta-t-elle. Puis, se ressaisissant: Mais toi, évidemment, tu ne peux pas savoir, tu étais trop jeune, à l'époque.

Elle avait fait encore quelques allusions aux tourments que ses sœurs lui avaient infligés, depuis toujours, aux *Clématites*.

— Il n'y a que Maman qui m'aimait, avait-elle ajouté d'une voix enfantine, avant de se mettre à pleurer.

Clotilde avait passé un mois à l'hôpital, ses brûlures ne guérissaient pas, s'infectaient. Un matin de très bonne heure, un coup de téléphone avait prié Samuel de venir au plus vite : Clotilde, inexplicablement, était morte dans la nuit.

« Son cœur n'a pas résisté à leurs antibiotiques », avait dit Lucile à Marguerite pendant le culte. Et Marguerite avait hoché la tête avec approbation. Elles n'avaient pas pleuré. Aux *Clématites*, Clotilde était la seule qui pleurait quelquefois, elle était restée un peu *simplette*. Elle avait septante-huit ans. Depuis lors, la mort n'avait plus vraiment quitté la maison grise en haut de la ruelle, et, l'une après l'autre, elle avait emporté les six demoiselles, dignes et résignées.

Marguerite était morte à son tour, deux ans plus tard, à quatre-vingt-trois ans, s'étant cassé le col du fémur sur le carreau de sa cuisine. « Dieu n'aura pas voulu m'épargner cela », avait murmuré Lucile quand Samuel (il serait désormais le messager sinistre) lui avait annoncé la mort de celle qui avait été, pendant quatre-vingts ans l'ombre fidèle, muette et approbatrice d'une aînée qui la dépassait de bien plus des deux ans que lui octroyait l'état civil. La vieille Lucile avait baissé la tête, et chuchoté si bas que Samuel n'était pas sûr d'avoir bien entendu: «Elle n'aurait pas dû s'en aller avant moi, ce n'est pas juste, Seigneur...» Puis elle avait relevé son visage, et Samuel avait lu, dans ses yeux secs, une souffrance qu'il n'aurait jamais imaginée...

SAMUEL s'adressait en lui-même les pires reproches: quelle idée de venir ici, tout seul, et un jeudi encore, juste pour remuer tout ça, faire surgir tous ces souvenirs, et se mettre dans un état pareil! Il aurait bien mieux fait d'attendre à dimanche et de venir avec les neveux. Leur bruit, leur bavardage auraient effrayé les fantômes! Bien sûr, il voulait *trier les papiers* avant qu'ils ne viennent, justement. On ne sait jamais ce qu'on trouve, et ils ne sont quand même pas de la famille...

« Tu n'es qu'un vieil imbécile, se gourmandait Samuel, ces malheureuses ont eu une vie claire et insipide comme de l'eau, que veux-tu trouver qu'on ne puisse étaler sur la place publique? » Quant aux papiers du temps des parents, Lucile les avait déjà *mis en ordre* (c'est-à-dire jetés dans la cheminée sans en référer à personne) à la mort de Madame Favre. « Non, vraiment, cela ne sert qu'à venir ici pour se rendre malade, pensa-t-il encore. Mais puisque j'y suis, autant s'y mettre. » Et il ramena vers lui un grand carton à chapeaux qu'il avait descendu du placard et qui portait la mention (de la main de Marguerite): *Photographies et correspondance.*

Dans le carton, une grande enveloppe contenait les photographies. La première qu'il en tira, c'était celle de son mariage. Au dos, Alice avait écrit: *Pour mes chères sœurs, souvenir de ce beau jour, 2 mai 1927.* Alice avait vingt ans au moment de leur mariage. Orpheline, elle avait été élevée par une tante célibataire qui était la compagne de confirmation de Madame Favre et sa seule amie. Le mariage d'Alice et de Samuel n'avait jamais fait de doute. Quand il faisait son apprentissage de comptable à Yverdon, Samuel avait eu de l'amitié pour une jeune collègue avec laquelle il bavardait fréquemment. Un dimanche, il l'avait invitée à venir goûter aux *Clématites*, avec une de ses amies, employée dans le même bureau. L'accueil de Madame Favre avait été glacial, à peine poli, et Emilie et Anna n'avaient pas cessé de dévisager les deux malheureuses qui s'étaient, pour l'occasion, mises sur leur trente-et-un, de chuchoter entre elles et de pouffer de rire. Les deux employées avaient repris le train plus tôt que prévu.

— Crois-tu que ce genre d'attitude soit convenable, quand on est fiancé? avait simplement dit Madame Favre, et elle avait ajouté, mélodramatique: Ce que tu fais à Yverdon te regarde, tu es un homme (soupir résigné), mais ne souille pas la maison de ton père.

C'est ainsi que Samuel avait appris qu'il était fiancé. Sur la photographie qu'il tenait entre ses mains, Alice n'était pas jolie, ce qui est rare pour une jeune fille de vingt ans, le jour de son mariage. Il faut dire que la malheureuse avait été habillée et coiffée par les soins de Lucile et de Marguerite qui avaient soigneusement évincé Marthe, laquelle d'ailleurs, à l'époque, ne vivait pas aux *Clématites*. Certes, la robe avait été faite par une couturière d'Yverdon, mais les deux aînées avaient choisi le tissu, le modèle, présidé aux essayages... Alice, sur la photo, avait l'air d'un rouleau de tissus blanc avec un volant dans le bas.

« Je l'avais pourtant trouvée jolie, à l'époque, pensa Samuel avec accablement. Mais qu'est-ce qui m'arrive ? On dirait que toute ma vie passée est en train de tomber en poussière... Qu'est-ce que j'ai besoin de regarder ces photos, il vaut mieux trier les papiers, c'est plus urgent... »

Il repoussa l'enveloppe et s'empara de la *cor-respondance*. « Je vais faire deux tas, ce que je garde, ce que je jette... » Les lettres du dessus du paquet étaient les plus récentes. Des lettres de Jeanine : *Mes bien chères tantes, en ce jour anniversaire du départ de notre chère Tante Marthe, je ne veux pas... ; Mes chères tantes, Patrick a été très heureux de votre petit paquet, et s'il ne vous écrit pas lui-même... ; Chère Tante Marthe, Maman n'aurait jamais laissé passer le jour de ta fête sans...*

Le tas de lettres à jeter grossissait plus vite que l'autre.

Ma chère Marguerite, je ne pourrai jamais assez te remercier de tous tes efforts pour plaider ma cause auprès de Lucile et je ne te tiens nullement rigueur de leur insuccès.

Lucile a la tête dure et, si elle est vraiment bonne, comme tu le dis, du moins ne laisse-t-elle pas soupçonner sa bonté. Mais je ne perds pas espoir de la fléchir, car le Seigneur ne peut pas permettre que deux sœurs vivent longtemps dans le désaccord... La lettre était datée de 1925... Après une hésitation, Samuel la posa sur le paquet *à jeter*. A quoi bon garder – pour qui? – la trace de ces antiques querelles?

Ma chère mère, mes chères sœurs, aujourd'hui est le trois-centième jour de ma mobilisation et mon moral est toujours excellent, ainsi que celui de mes camarades... Samuel frissonna et jeta côté corbeille tout le paquet sur lequel il venait de tomber, un paquet distinct, soigneusement maintenu par un élastique. La *mob* était un des pires moments de sa vie. Il repoussa violemment les souvenirs de cette époque. « Il ne manquait plus que ça » grommela-t-il.

Une carte postale représentant le Baptistère de Florence: *Meilleurs messages de cette ville splendide* signé: *Samuel et Alice. Le voyage de noce... Monsieur et Madame Samuel Favre-Crausaz ont le plaisir de vous annoncer la naissance de Françoise, le 3 octobre 1932...*

Samuel posa le faire-part sur le maigre tas des papiers qu'il emporterait rue Centrale et qui y dormiraient dans un autre carton jusqu'à ce que Jeanine elle-même vienne les *trier* à son tour. « Ou bien elle fera venir le Centre Social Protestant et c'est eux qui se chargeront de tout vider... C'est bien possible ». Il préférait encore cette solution. Des mains anonymes, occupées simplement de la valeur marchande des objets, jetteraient tous les papiers sans les lire...

Une carte de Rimini-plage, l'écriture d'Alice, toujours : *Françoise a deux dents...* Il déchira la carte et s'arrêta, stupéfait de son geste. Il posa les deux morceaux sur le tas dépotoir. « J'ai bien envie de tout y mettre en vrac... »

Une carte de Lausanne, l'église Saint-François, une écriture inconnue : *Cher Monsieur Favre, de retour à Lausanne et enfin installée dans mon nouvel appartement, je vous envoie mon adresse. Je garde un souvenir si ému de nos charmantes promenades et de nos conversations qui m'ont tant aidée dans les pénibles épreuves que j'ai traversées. J'espère que vous me ferez le plaisir de venir me rendre visite quand vous passerez par Lausanne. Je suis chez moi tous les jeudis après-midi. Paul me demande souvent de vos nouvelles. Recevez, cher Monsieur Favre, ainsi que vos chères sœurs, mes meilleures pensées.* Et c'était signé : *Madeleine Regamey, 3 avenue de La Harpe, Lausanne.* Samuel lut avec stupéfaction l'adresse du destinataire : *Monsieur Samuel Favre, Villa* Les Cléma-tites... Monsieur Samuel Favre ! Cette carte lui était destinée. De qui donc était-elle ? Il était presque certain de ne jamais l'avoir lue auparavant. Il s'approcha de la fenêtre pour essayer en vain de déchiffrer le cachet sur le timbre. Il saisit les lunettes d'Anna sur la table, dont les verres de presbyte étaient comme de grosses loupes : *Lausanne 2. 6-10-1938.*

1938 ! Il relut la carte : *Cher Monsieur Favre... Madeleine Regamey, 1938.* Se rasseyant pesamment devant le tas de papiers et de photographies, il murmura : « Madeleine Regamey, 1938. » Puis, à voix haute : « Paul me demande souvent de vos nouvelles... Paul... Madeleine Regamey... » Le vieil homme avait l'impression de descendre très profondément dans un trou noir au milieu de sa propre tête. Il était sûr maintenant que cette carte ne lui était jamais parvenue, mais qu'il connaissait une Madeleine Regamey, un Paul... Tout à coup, il entendit, avec une netteté extraordinaire une voix de femme qui criait : « Paul, mon petit, ne t'éloigne pas, allons, reviens près de Maman ! » On aurait dit qu'elle avait crié dans la pièce. Il se retourna, terrifié. La carte, qu'il tenait toujours, tomba par terre. Samuel ne la ramassa pas. Il ramena ses mains et les posa sur la table, à plat, côte à côte. Il ne remarqua pas, comme à l'accoutumée, que les taches brunes avaient encore augmenté, que les grosses veines bleues étaient encore plus saillantes, que les ongles devenaient durs et opaques comme du bois. Il ne vit rien de tous ces signes mortels qu'il ne manquait jamais, d'habitude, de recenser tranquillement. Il n'avait même pas pris conscience de ce geste familier. Fixant sans les voir ses grosses mains de vieux, Samuel Favre pensait à Madeleine Regamey.

C'ÉTAIT en 1938. Il l'avait vue, la première fois, rue Centrale, à deux pas de chez lui. Elle tenait un petit garçon par la main. Il avait remarqué son chapeau, une capeline de paille très large, aux bords dansants. Au moment où il pensait qu'elle n'avait pas le genre d'ici, que ce devait être une touriste, elle lui avait demandé le chemin de la poste et l'avait remercié très gentiment. Il l'avait regardé s'éloigner un moment, se demandant ce qui, dans la façon de sourire ou de marcher, la distinguait tellement de ses sœurs qu'on avait peine à croire qu'elles appartenaient à la même espèce. L'idée de la tête que ferait Lucile si on lui disait qu'elle faisait partie d'une espèce animale lui sembla comique et il rentra chez lui en souriant tout seul.

Le dimanche suivant, comme il arrivait devant l'église en donnant le bras à sa mère, il l'aperçut qui montait la rue avec son petit garçon. Quand elle arriva à sa hauteur, il souleva son chapeau, et elle eut l'air surpris, hésitant un peu pour lui rendre son salut. Elle dut finalement le reconnaître, car elle hocha légèrement la tête et sourit en passant.

— Tu connais cette personne? demanda Madame Favre.

— Pas vraiment. Je lui ai donné un renseignement l'autre jour dans la rue.

Emilie et Anna, toujours en retard, apparaissaient enfin, et Madame Favre entra dans l'église.

— En tout cas, chuchota-t-elle, elle se croit sans doute à la Cathédrale de Lausanne, quel chapeau! Quel genre! Est-ce qu'on a besoin de ça ici?

Pendant le culte, Samuel tourna la tête plusieurs fois, imperceptiblement, pour tenter d'apercevoir le profil de l'inconnue qui s'était placée sur le côté, une travée derrière lui. Mais, à la sortie,

Madame Favre était restée bavarder avec Marcelle, la tante de cette pauvre Alice, et Clotilde avait quelque chose d'urgent à demander au pasteur. L'église s'était vidée et Samuel ne l'avait pas vu passer.

Quelques jours plus tard, il l'avait aperçue de nouveau en sortant de chez lui. Elle entrait à la poste et, sans réfléchir, sur une de ces impulsions qu'on a parfois, mais que lui, Samuel, n'avait habituellement jamais, il était entré aussi, et avait pris place derrière elle dans la file d'attente. Elle l'avait reconnu, cette fois, et salué la première. Au bout de quelques instants, tandis qu'une vieille femme entassait des piles de colis devant le guichet, ce fut elle qui engagea la conversation :

— Excusez-moi, Monsieur de vous aborder ainsi, mais nous nous sommes croisés plusieurs fois déjà, et dimanche dernier, à l'église, je vous ai vu en conversation avec Mademoiselle Crausaz...

Elle était toute rose de son audace. Samuel était surpris aussi qu'elle ait osé lui parler. Elle lui expliqua qu'elle connaissait Mademoiselle Crausaz qui était une cousine de sa mère.

— Alors nous sommes presque parents, avait dit Samuel avec une vivacité qui l'aurait stupéfié en temps normal, mais qu'il ne remarqua même pas, car c'est ma tante, enfin, la tante de mon épouse.

Cette précision, ajoutée comme à regret, était apparemment passée inaperçue. La jeune femme l'avait attendu pendant qu'il achetait des timbres (pour quoi faire, mon Dieu, lui qui n'écrivait jamais de lettre?) et ils étaient sortis de la poste ensemble en bavardant comme de vieux amis. Le petit Paul, qu'on oubliait, commença à se plaindre de la chaleur, de la soif, sa maman lui avait promis un sorbet. Samuel rassembla tout son courage et, n'en croyant pas ses propres oreilles, proposa d'offrir le sorbet en question au café de *La Croix-Blanche* qui était à deux pas. Madame Regamey (ils s'étaient présentés) refusa, mais gentiment. Ils n'avaient pas le temps, l'automobile de l'hôtel devait passer les prendre sur la place dans dix minutes, c'était un arrangement avec le chauffeur, et s'ils manquaient le rendez-vous, elle serait bien contrariée, le chemin à pied jusqu'à l'hôtel des Rasses était trop long pour Paul.

— Allons, dit-elle, tu auras ton sorbet à l'hôtel, dis au revoir à Monsieur Favre.

Samuel souleva son chapeau:

— J'espère toutefois...

— Mais bien sûr, interrompit-elle, ça sera pour la prochaine fois. Nous restons encore presque un mois aux Rasses. Au revoir, cher Monsieur...

Samuel, en fermant les yeux, les voyait encore s'éloigner, son grand chapeau, sa démarche dan-sante, sa robe légère, et le petit Paul sautillant à côté d'elle. Il était resté un long moment immobile, la regardant sans penser à rien, la regardant tellement que presque quarante-cinq ans plus tard sa mémoire lui en projetait l'image intacte, telle qu'elle s'était, sans qu'il le sût lui-même, imprimée pour toujours dans son souvenir. Ils s'étaient revus, le dimanche suivant, à l'église. Samuel avait profité de la tante Marcelle pour faire le lien. Il l'avait ainsi présentée à sa mère qui avait hoché la tête. Une semaine plus tard, il avait enfin réussi à les emmener, Paul et elle, prendre ce sorbet à *La Croix-Blanche.* Après, comme Paul s'agitait, il avait proposé une promenade. C'était un superbe dimanche du dernier été de la paix. Ils marchaient le long des petits chemins, Paul gambadait, ramassait des branches, des cailloux, faisait mine de déchirer ses culottes courtes sur les talus. Parfois, Madame Regamey lui criait de revenir :

— Paul, mon petit, ne t'éloigne pas !...

Samuel la rassurait, le chemin n'était pas dangereux, il le connaissait bien, l'ayant tellement parcouru lui-même dans son enfance. Alors, elle l'interrogeait sur cette enfance. Une chose surtout la *fascinait* (c'était son mot, un mot qu'il n'avait jamais entendu prononcer par personne auparavant) :

— Ce doit être tout à fait extraordinaire pour un garçon d'avoir six sœurs aînées! Comme vous avez dû être choyé! vous deviez être le roi de la maison!

Et elle ajoutait, en tournant vers lui son visage souriant :

— Je suis sûre que vous l'êtes encore!

Il faisait très chaud, Paul était *en nage.* Ils s'étaient arrêtés près d'un petit ruisseau où un gros arbre faisait de l'ombre. Madeleine Regamey avait ordonné à son fils de se tenir tranquille et de se reposer sagement pendant quelques instants, sinon, il attraperait mal.

— Excusez-moi, Monsieur Favre, mais je suis toujours si inquiète pour lui, il est si vif, et souvent malade. Elle avait baissé la voix : « Et je n'ai que lui au monde. »

Il n'osait pas l'interroger sur sa vie, sur ce séjour solitaire dans ce grand hôtel, pas plus qu'il n'osait lui proposer de s'asseoir sur une grosse pierre plate à quelques mètres du ruisseau où Paul, docilement avait commencé à construire un barrage. Il ne voulait pas qu'elle pût imaginer qu'il cherchait à s'éloigner avec elle du regard de l'enfant, ne fût-ce que de quelques pas. Pourtant, il aurait bien aimé s'asseoir sur cette pierre, bavarder, la connaître davantage. Mais il ne savait pas comment faire. A trente-neuf ans, jamais il ne s'était trouvé dans cette situation, et chaque geste, chaque parole lui semblait une inconvenance. Une fois encore, elle vint à son secours :

— J'avoue que je ne suis pas fâchée de m'arrêter un peu, moi aussi. Quelle chaleur! Monsieur Favre, vous allez me trouver bien gamine, mais ne pourrions-nous pas nous asseoir sur cette grosse pierre, là, qui semble faite pour cela?

Et elle l'époussetait avec la main avant de s'y installer, sa jupe bleue bien tirée sur ses genoux. Paul avait réussi à obtenir un petit lac, sur lequel il faisait flotter des brins d'herbe, et appelait sa mère pour qu'elle l'admirât.

— C'est superbe, mon chéri, mais ne mouille pas tes bas...

Et, se tournant vers Samuel:

— Les enfants, cher Monsieur, c'est si merveilleux et si angoissant à la fois... Est-ce que vous-même...?

Elle l'avait une fois entendu mentionner son épouse, mais n'en voyant pas trace, elle l'avait cru veuf. Elle osa l'interroger:

— Est-ce que votre chère épouse ne vous a pas laissé...?

Il l'interrompit, et d'un coup, presque brutalement, comme – s'il avait été quelqu'un d'autre, dans cette chaleur pesante, ce silence alentour, oubliant l'enfant qu'absorbait son jeu – il se serait jeté sur elle et l'aurait renversée sur la grande pierre plate, brusquement, il lui raconta sa vie, sans s'interrompre, ni la regarder en face. Il parla de la mort de Françoise, d'Alice dans sa clinique depuis bientôt quatre ans, de ses sœurs, de son métier. Il lui raconta le départ de Marthe pour Yverdon quand il était petit. Et maintenant, sa solitude quotidienne, les soupers du jeudi soir, et l'espoir, de moins en moins entretenu par les médecins, de voir guérir Alice.

Elle l'écoutait, le regardait avec ses grands yeux bleus clair, écarquillés par l'attention, comme si cette histoire la concernait personnellement, comme si elle allait y découvrir la clef de son propre sort. Jamais personne n'avait écouté Samuel de cette façon. Il s'arrêta, il y eut un petit silence. Paul, les mains dans la boue jusqu'aux coudes, avait creusé un canal qui amenait l'eau de son lac artificiel jusqu'au talus, où elle formait une chute.

— La vie, Monsieur Favre, n'épargne personne. A la façon dont vous parlez de la vôtre, on
voit que vous avez infiniment de cœur...

Quand il avait répondu: «Je n'ai jamais parlé
comme cela à personne», Madeleine avait – enfin –
baissé ses yeux dont la clarté transportait Samuel
hors de lui-même.

Paul avait essuyé ses mains sur sa culotte
beige:

— Maman! Regarde comme le bateau s'en-
fonce, j'ai fait une vraie cascade!

Madeleine tourna la tête:

— Mon Dieu! Tu es trempé, couvert de boue!
Regardez-le, Monsieur Favre, je ne l'ai pourtant pas
quitté des yeux longtemps!

Elle s'affolait, ou sautait avec véhémence sur
l'occasion de rompre un tête-à-tête qui l'embarras-
sait, ou un peu des deux, la mère, en l'occurrence,
aidant ici la femme à se tirer d'un pas délicat:

— Il faut absolument que je rentre à l'hôtel
tout de suite... Il va prendre froid... Elle lui ôtait ses
sandales, ses chaussettes. Ses bas sont trempés! Son
pantalon aussi...

Une petite brise s'était levée, qui rendait la
chaleur presque supportable:

— Mon Dieu! Voilà le vent! Je ne peux pas
faire marcher cet enfant jusqu'à l'hôtel... Elle baissa
la voix. C'est que cet hiver, voyez-vous, il a failli
mourir...

Samuel ôta sa veste:

— Enveloppez-le avec ça, dit-il, et attendez-moi

ici. Je vais vous envoyer la voiture de l'hôtel. Je vais leur téléphoner depuis *La Croix-Blanche*. Cela prendra en tout un quart d'heure.

Elle l'avait remercié avec émotion, serrant contre elle l'enfant à peine humide, mais terrifié par les cris. Au moment où il s'en allait, elle avait ajouté :

— Merci encore. Et alors... à dimanche ?

— À dimanche, avait-il répété, criant presque. Et, délaissant le chemin, il avait dévalé en quelques minutes, en bras de chemise, bondissant comme au meilleur temps de son adolescence, le raide talus qui descendait vers la ville.

I<small>L L'AVAIT</small> donc revue à la sortie du culte, le dimanche suivant. Elle *dînait* chez la vieille demoiselle Crausaz, et s'était autorisée de leur parenté pour suggérer à celle-ci d'inviter Samuel pour le café. Ces façons cavalières n'avaient pas plu à la vieille fille, mais elle n'avait pas osé refuser. Tout en *brassant* son breuvage couleur de thé clair, elle n'avait pas cessé de parler d'Alice. Elle était allée chercher l'album de photos : Alice à cinq ans, en deuil, quand elle venait de perdre ses parents, la pauvrette, sans moi c'était l'asile ; Alice fiancée, grosses joues et taille épaisse ; Alice le jour de son mariage (le cylindre blanc...) ; Alice et Françoise... La vieille Marcelle parlait d'une voix lente et basse. Elle brossait le portrait d'un-ange-frappé-et-d'un-foyer-heureux-détruit-par-la-fatalité, d'un-pur-amour-plusfort-que-tout et chaque mot dans sa bouche semblait porter une majuscule. Elle appelait Samuel « Mon Pauvre Petit » et il se sentait affreusement mal à l'aise.

Heureusement Paul (qu'aurait fait sa mère sans lui) s'impatientait et Madeleine avait remercié pour le repas, il fallait sortir le petit qui devait prendre l'air. Mademoiselle Crausaz avait acquiescé, passant sa main rêche dans les cheveux de l'enfant. Puis, dès que le couple eût passé le coin du chemin en direction du petit ruisseau, elle saisit son chapeau et se précipita, haletante, aux *Clématites*.

Le jeudi suivant, Lucile avait multiplié les allusions aux mauvais chemins et aux mauvaises rencontres, aux embûches qui guettaient le pêcheur, comme si sa propre vie n'eût été, la pauvre malheureuse, qu'un tissu d'égarements et de tentations. Après le repas, Madame Favre avait pris Samuel à part dans le jardin : il paraît qu'il s'affichait avec cette femme à chapeau, qu'on ne voyait plus qu'eux sur les sentiers de campagne...

— Sais-tu ce que Marcelle m'a confié ? ajouta-t-elle en baissant la voix et en jetant des regards inquiets sur Emilie et Anna lesquelles, respectivement âgées à l'époque de quarante-deux et quarante-et-un ans, rentraient le linge sec avant la tombée du jour, il paraît que cette... personne serait, enfin (elle butait sur le mot même), serait... divorcée. Voilà !

Et elle avait lancé sur son fils un regard de

triomphe, s'apprêtant à le voir s'effondrer sous le choc de la terrible révélation.

— Je sais, Maman, dit Samuel. Elle m'a raconté son histoire. Madame Regamey a beaucoup souffert et elle a beaucoup de courage et de foi.

— J'aurai fait mon devoir, répliqua Madame Favre en se levant. Anna, ne pose pas la corbeille dans l'herbe, ça fait des marques, ma fille, je te l'ai déjà dit cent fois!

Il n'avait plus jamais été question de Madeleine en famille. Trois dimanches encore, ils étaient allés se promener. Paul, parfois, donnait la main à Samuel. Puis, à la fin de la journée, le troisième dimanche, Madeleine avait dit:

— Je n'ai pas voulu attrister notre dernière promenade, Monsieur Favre. Mais nous rentrons demain à Lausanne. L'été est presque fini, surtout ici. Les soirées sont déjà fraîches, et je crains pour Paul. Et puis, il faut bien que je m'occupe de ma vie... Elle avait souri. Ces vacances m'ont fait beaucoup de bien, mais il faut maintenant fermer la parenthèse. Je crois que mon père m'a trouvé un appartement, mais il faut que je sois sur place pour décider, vous comprenez bien. Je dois reconstruire une vie rassurante, pour Paul...

Elle multipliait les explications, les excuses, comme si elle était coupable envers lui de ce départ. De fait, il se sentait comme assommé. En quelques semaines, il avait si bien intégré la promenade dominicale avec Madeleine (encore une habitude hebdomadaire), qu'il n'avait jamais songé qu'elle pourrait repartir, qu'elle n'était là qu'en vacances, qu'elle n'allait pas passer sa vie au *Grand Hôtel des Rasses* en attendant le dimanche pour marcher avec lui le long d'un pré, au bord d'un ruisseau ou dans les chemins creux du petit bois où ils étaient en ce moment, tandis que Paul se bourrait de mûres.

— Bien sûr, dit-il, c'est normal. Vous n'allez pas passer toute votre vie ici...

Et il se tut.

— Ecoutez Monsieur Favre, dit Madeleine en lui prenant le bras, maintenant, je serai chez mon père, jusqu'à ce que je puisse m'installer dans ce nouvel appartement, s'il me convient. Mais dès que je connaîtrai avec assurance ma nouvelle adresse, je vous enverrai un petit mot. Et puis vous viendrez me voir quand vous passerez par Lausanne, n'est-ce pas?

Le sang, de nouveau, circulait dans les veines de Samuel.

— Mais oui, dit-il, c'est une bonne idée. Je viendrai. Je viens très souvent à Lausanne, avait-il ajouté.

Madeleine avait pris Paul par la main, et Samuel, de l'autre côté, la tenait par le bras. Ils redescendaient lentement vers la ville.

— Je vous montrerai notre installation. Nous allons avoir une nouvelle vie magnifique, Paul et moi. N'est-ce pas mon chéri?

— Oui, Maman, disait Paul, à qui les mûres sortaient par les oreilles et qui avait envie de mourir avant de vomir sur ses chaussettes blanches... Mon Dieu, horreur, ça y était!

— Attention!, cria Madeleine en faisant un saut en arrière. Quelques gouttes noires avaient éclaboussé le pantalon de Samuel. Paul, hoquetant, regardait le désastre, tellement paralysé par la terreur qu'il n'osait même pas pleurer.

— Je crois qu'il a mangé trop de mûres, dit Samuel avec à propos.

— Oui, dit Madeleine. Je n'ai pas fait attention. Il est temps que je m'occupe de lui... Et elle se mit à rire. Paul n'en croyait pas ses yeux. Elle lui essuyait le visage avec son mouchoir:

— Quel gourmand tu es, mon lapin! Allez, viens, Monsieur Favre nous offrira un thé pour te remettre!

Ensuite, sur le trottoir, devant *La Croix-Blanche*, elle lui avait tendu la main:

— Cette fois, nous y allons, la voiture de l'hôtel est déjà sur la place. Allons, Paul, dis au revoir à Monsieur Favre. A bientôt, cher Monsieur, à très bientôt. Je vous enverrai mon adresse, sans faute.

— Sans faute, n'est-ce pas?

— Sans faute.

Et dans la rue Centrale, en direction de la petite place où, à cet instant il n'y avait personne, Samuel les avait regardé s'éloigner...

Et voilà. Il est tard, à présent, le soleil décline, et la pénombre reprend ses droits dans le salon des *Clématites* que la vie a déserté.

Vous savez tout. Vous devinez le reste.

Les premiers dimanches furent pour Samuel des tortures inexplicables. Puis il attendit l'adresse de Madeleine. Quand la carte arriva, Lucile la mit sans rien dire dans la poche de son tablier gris. Deux jours plus tard, elle la montra à Marguerite qui la lut et murmura : « Ah mon Dieu ! ». Elles la rangèrent dans le tiroir de la table de nuit de Lucile et n'en parlèrent plus jamais. Pourquoi ne l'ont-elles pas détruite ?

Puis Samuel comprit, par le silence de Madeleine, que sa mère n'avait pas tort et que ses sœurs seules l'aimaient. Puis Samuel oublia tout à fait Madeleine. Puis Lucile retrouva la carte et la rangea dans le carton à chapeaux. Pourquoi ne l'a-t-elle pas détruite ?

Et maintenant Samuel pleure, la tête sur son bras. Il sanglote bruyamment, il mouille la manche de sa chemise, comme personne, jamais, ne l'a fait aux *Clématites*.

Que vont penser les Favre, les Crausaz, les Jaccard ?

AU PORTE-BONHEUR

QUAND MONIQUE sortait de l'école, à quatre heures, elle tournait la rue de Turenne et prenait la rue de Bretagne, pour aller chercher sa mère qui travaillait à côté du marché des Enfants Rouges, à la triperie. La patronne était gentille, et on laissait Monique s'installer dans l'arrière-boutique. On poussait les bassines de cervelles et de têtes de veau, on essuyait proprement un coin de la table, et Monique faisait ses devoirs en attendant sa mère qui finissait à six heures. Parfois il y avait du monde et elle restait plus longtemps, ou alors la patronne avait à sortir, vite un saut à la poste avant que ça ferme, Paulette, excusez-moi, j'allais oublier. Et la mère de Monique disait:

— Mais je vous en prie, Madame Morice, prenez votre temps.

On ne pouvait pas se plaindre, c'était déjà assez
gentil de la part de la tripière d'accueillir Monique
dans l'arrière-boutique. Le jeudi matin, Monique
restait toute seule à la maison. Mais l'après-midi, elle
venait retrouver sa mère à la triperie, sauf si sa
grand'mère l'invitait, ce qui était rare, car Mémé
habitait loin, et elle était vieille. Monique la fatiguait
et d'ailleurs, elle s'ennuyait chez elle. Sa mère
préférait l'avoir à l'œil. Madame Morice comprenait
bien, elle qui avait élevé trois filles, dont l'aînée,
justement, avait épousé le fils du charcutier d'en
face, cet Italien qui s'était tellement enrichi pendant
la guerre, même que, si on voulait... enfin passons, il
avait fait du bien aussi, et aidé, à ce qu'on disait,
avant qu'on les arrête, les Polonais de la rue de
Poitou qui avaient six enfants et pas de papiers, le
père caché, et la mère qui n'osait pas sortir, la
pauvre, avec son accent! Alors, Monsieur Fontana,
l'Italien, leur faisait monter en douce des saucis-
sons... Dame, si ces gens-là ne mangeaient pas de
porc, il avait bien fallu qu'ils s'y mettent! Ah, on
en avait vu ici, que voulez-vous, c'est le quartier qui
veut ça.

C'était Ginette Morice qui avait révélé à sa
mère la belle conduite du charcutier, quand elle
avait commencé à fréquenter Luigi, le fils, en 46.
Parce que, au début, Madame Morice ne voyait pas
ça d'un très bon œil. Le marché noir, bon, tout le
monde avait bien dû se débrouiller, même la
parfumeuse du 38, avec ses savonnettes, quelle
gentille femme, et quelle surprise dans le quartier

quand on lui avait mis cet administrateur aryen, mais quand même, ces Fontana, c'était un peu trop voyant. Enfin, bref, Madame Morice, veuve avec les trois filles et la triperie, avait bon cœur et pitié de Paulette, avec sa petite fille si mignonne et ce mari disparu, les hommes, ma pauvre, pour disparaître, ils sont toujours là, si on peut dire!

— Monique, reste pas les bras ballants, disait sa mère, puisque tu as fini tes devoirs, tu peux bien aller porter le foie de veau chez Madame Brun, tu sais où c'est? Mais non, mais non, laissez, Madame Morice, Monique, ça la promène et ça l'amuse, hein, Monique? Prends le papier...

Monique aimait mieux livrer le foie ou les tripes que de rincer les bassines, mais parfois, elle le faisait aussi, ça avançait sa mère, et à onze ans, on peut déjà rendre bien des services.

Oui, en fait, Monique aimait bien se promener dans la rue. En sortant de la triperie, elle respirait un bon coup. Dans le magasin, elle n'osait pas, ça la dégoûtait cette odeur de sang, ou pire encore, de chair brûlée quand sa mère faisait flamber les volailles qu'elle décrochait du mur. Il y avait des plumes partout; Monique aimait bien celles des pintades, grises et blanches, mais l'odeur, non. Alors elle se retenait de respirer, absorbant juste le minimum vital, et encore, la main devant le visage.

— Enlève tes doigts de ton nez, Monique, tu crois que c'est propre!

Alors sitôt dehors, hop, une bonne lampée d'air frais, même parfumé aux camemberts de la crémerie d'à côté. «Le fromage, pensait Monique, c'est quand même plus propre. D'ailleurs, c'est blanc.» Après, c'était l'entrée du marché, avec les fleurs au coin. Là, Monique s'arrêtait un petit moment. Elle se penchait sur les seaux pleins de chrysanthèmes jaunes ou de dahlias, mais ils sen-taient eux aussi, lui semblait-il, les fromages d'à côté. Alors Monique traversait la rue de Bretagne. Elle passait devant chez Fontana, et parfois, c'était Ginette à la caisse :

— Alors, Monique, tu me fais une petite bise ?

Quand elle était petite Monique avait peur d'entrer dans la charcuterie, parce qu'il y avait un vrai sanglier empaillé devant la porte.

— Allez, Monique, viens, disait Ginette, n'aie pas peur. Si tu viens jusqu'à la caisse, je te donnerai un petit morceau de jambon...

Maintenant, elle n'avait plus peur, mais Ginette disait quand même :

— Sandro, donne-lui un petit bout. Allez, va vite, ma biquette, et attention aux chiens, avec ton foie.

Monique, mastiquant son jambon, se dépêchait de sortir de la charcuterie. Il fallait toujours que Ginette lui pince la joue... Et puis la boutique suivante, juste avant la boulangerie, elle passait sans la regarder, en fermant les yeux. Elle la gardait pour le retour. Après, elle tournait le coin de la rue

Charlot, courait jusqu'à la mercerie de Madame Brun.

— Tiens, Monique. C'est toi le livreur aujour-d'hui? Je passerai payer dimanche en allant au marché, tu diras à Madame Morice. Tiens, tu veux ce bout de ruban pour ta queue? Prends-le, va, et salue bien ta maman.

Monique remerciait et reprenait le panier vide. Elle repassait tranquillement devant la boulangerie, et s'arrêtait, enfin, devant la vitrine magique. Entre le boulanger et le charcutier, juste en face du marché des Enfants Rouges, scintillait jour et nuit le rêve de Monique: la parfumerie dont le nom brillait en lettres roses qui faisaient comme des flaques de glace à la fraise sur le trottoir quand il pleuvait: *AU PORTE-BONHEUR.*

Tout le fond de la vitrine était tendu de satin vert, bleu pâle ou de velours rouge. En décembre c'était toujours du velours, avec des pommes de pin dorées et de la poudre brillante, argentée, semée dessus. («De la poudre de perlimpimpin», pensait Monique, en essuyant avec sa moufle tricotée la buée que son haleine laissait sur la vitrine), et l'annonce *cadeaux* accrochée sous la pancarte d'*Helena Rubinstein.* Bien que tout le quartier appelât la parfumeuse Madame Simon, Monique, elle, dans sa tête, était sûre qu'elle s'appelait Helena Rubinstein. Il y avait d'ailleurs un autre Monsieur, au 34, chez qui Monique livrait parfois des poulets, qui s'appelait aussi Rubinstein et qui avait un drôle d'accent. Un jour, elle avait demandé à sa mère qui plumait, justement, le poulet qu'elle allait porter, si Monsieur Rubinstein était le mari de la parfumeuse.

— Mais non, avait dit sa mère, que tu es bête, ma pauvre Monique, quelle drôle d'idée...

— Madame Simon a perdu son mari juste avant la guerre, avait ajouté, à l'adresse de Maman, Madame Morice qui rangeait des billets dans la caisse. Vous ne l'avez pas connu, Paulette. Un homme très élégant, très sympathique, sans le moindre accent. Jamais on aurait cru... allez, on a été bien surpris...

Mais pour Monique, immobile devant la vitrine, le nez rouge de froid, c'était la boutique d'Helena Rubinstein. Sur les plis du velours rouge, on avait disposé d'abord de grosses bouteilles de parfums dont Monique lisait les noms qu'elle apprenait par cœur, comme une récitation pour l'école : *Soir de Paris, Crêpe de Chine* de Molyneux, *Je reviens* de Worth, *Ma Griffe* de Carven, *Cuir de Russie, Sortilège* de Le Galion, *Pour un homme* de Jean-Marie Farina, Chanel, Roger et Gallet... Puis, plus près de la vitre, quelques produits de maquillage dans leurs présentoirs de Noël. Il y avait les fards à joue Bourjois dans leur petite boîte ronde, la poudre de riz Caron avec des houpettes de cygne roses et mauves, le *vrai* Rimmel avec sa petite brosse, sur lequel on crachait (Monique avait vu les filles Morice le faire plusieurs fois) avant de s'en servir... Monique aimait par-dessus tout le flacon arrondi et le bouchon aux deux oiseaux de *L'Air du temps* de Nina Ricci. Il trônait au milieu de la vitrine, sur un petit socle spécial, avec une guirlande argentée tout autour.

Le vent soufflait et il commençait à neiger. Un flocon sur le nez sortit Monique de son rêve. Elle ramassa son panier et reprit en soupirant le chemin de la triperie. Comment entrer dans la parfumerie? Madame Simon ne se faisait jamais livrer. Elle avait une bonne très vieille qui s'appelait Adèle et qui faisait le marché...

Le soir, à la maison, pendant qu'elle mettait la table et que sa mère lavait la salade, Monique lui demanda:

— Dis, Maman, pourquoi que tu te maquilles jamais?

La mère de Monique était jeune. En août 44, à la Libération, elle avait vingt-et-un ans. Elle prenait dans ses bras Monique, qui avait un an, pour la faire embrasser par les soldats américains, et souvent, elle aussi recevait des baisers. Et même, une photo d'elle avec Monique, entre deux Américains, au pied d'un char, était parue dans les journaux avec cette légende: *Une mère française pose fièrement avec nos libérateurs.* Et puis, en septembre 1944, le père de Monique avait disparu. Un matin, il était parti à l'atelier, et on ne l'avait simplement jamais revu. Paulette avait pleuré, pleuré, attendu... et élevé Monique. Depuis dix ans, elle ne s'était pas regardée dans une glace. La question de Monique lui avait fait une impression bizarre. Machinalement, elle porta ses doigts mouillés à son visage.

— Je ne sais pas, dit-elle. Je n'y pense pas. Et puis, ce n'est pas la peine, pour aller à la triperie...

— Mais le dimanche, insistait Monique, le dimanche, quand on va voir l'oncle Jacques ou Mémé... D'ailleurs, Ginette se maquille même à la charcuterie, même qu'elle me laisse toujours du rouge à lèvres sur la joue.

— Ce n'est pas pareil, dit Maman, Ginette, c'est la patronne... Et puis je ne sais pas... peut-être que l'oncle Jacques se moquerait de moi...

Elle sourit à Monique en secouant le panier à salade au-dessus de l'évier.

— Pourquoi? dit Monique d'un air presque fâché. La tante Micheline elle en met bien du rouge, et aussi de la poudre, et elle est moins jolie que toi!

— Tu trouves? dit Paulette, surprise. Elle regarda sa fille : Tu en as de drôles d'idées, ma petite biquette. Je me demande pourquoi tu penses à tout ça...

— Oh Maman, dit Monique, tu devrais te mettre du rouge Baiser, je t'assure, et puis du parfum, du bon, avec des oiseaux dessus, et puis...

— Mais ma chérie, quelle idée, du rouge Baiser... C'est à l'école qu'on te parle du rouge Baiser? Tu sais, dit-elle en changeant de ton et en versant dans l'assiette de Monique une louche de soupe aux poireaux, ça serait une bonne idée, mais c'est trop cher pour moi, tout ça.

Le jeudi suivant, Monique alla voir sa grand'mère. Le voyage en métro était assez compliqué, et sa mère s'inquiétait:

— Fais bien attention Monique, ne te trompe pas à Denfert. Ne va pas prendre un direct qui va jusqu'à Antony. Regarde bien le panneau, il faut que Bourg-la-Reine soit allumé. Au besoin, demande à une dame avant de monter...

A chaque fois Maman faisait les mêmes recommandations. Cette fois, Monique était plutôt contente d'aller chez Mémé, parce que c'était le dernier jeudi avant Noël et qu'elle avait son plan quand sa grand'mère lui demanderait:

— Alors ma biquette, qu'est-ce que tu veux cette année pour Noël?

Chaque année, à Noël, on faisait une fête chez l'oncle Jacques avec toute la famille. Monique recevait surtout des habits, des *choses utiles.* Cela ne lui déplaisait pas vraiment, mais elle aurait bien aimé choisir elle-même. Par exemple, au lieu du duffle-coat que son oncle et sa tante lui avaient offert l'année dernière, elle aurait tant aimé un anorak rouge avec de la fourrure blanche autour du capuchon, comme celui qui était dans la vitrine de *Bitterman confections* au coin de la rue de Turenne. Elle en avait même parlé à sa mère, mais Maman avait rétorqué que le duffle-coat était encore bon pour un an ou deux. Et Maman avait bien raison, on ne pouvait pas dire le contraire... Monique respira:

— Mémé, cette année, je voudrais... rien que de l'argent dans ma tirelire.

Mémé était surprise. La tirelire, elle la garnissait en juin, pour l'anniversaire de Monique. A Noël, il faut des paquets qu'on ouvre, c'est plus joli, à cause de l'arbre.

— C'est que, expliquait Monique embarrassée, je voudrais faire un beau cadeau à Maman...

Elle expliqua à sa grand'mère que sa maman ne mettait jamais de parfum, jamais de rouge... La grand'mère en fut tout émue. Quel amour de gamine, qui pensait d'abord à sa Maman !

— Et puis, ajouta Monique en rassemblant tout son courage, il faudrait me le donner tout de suite, pour que j'aie le temps de l'acheter avant la fête.

Dans le métro du retour, Monique, la main dans la poche de son duffle-coat, serrait entre ses doigts l'enveloppe dans laquelle la grand'mère avait glissé quatre billets à l'effigie de Victor Hugo.

— *Garde-z-en* un pour toi quand même, avaitelle dit en l'embrassant, tu es une bonne petite...

Le vendredi l'école fut interminable. Monique avait mis l'enveloppe dans la poche de son tablier et elle la tâtait sans cesse à travers l'étoffe.

A quatre heures, en arrivant à la triperie, c'était l'effervescence. Depuis le matin, Paulette plumait et flambait des dindes. Comme chaque année, Renée et Simone, les deux filles de Madame Morice qui n'habitaient plus le quartier, étaient venues donner un coup de main. Renée remplaçait sa mère à la caisse. Simone débitait des kilomètres de boudin.

Madame Morice veillait à la bonne marche de tout. Le magasin était plein. Le téléphone sonnait sans arrêt, Renée inscrivait les commandes. On avait aussi embauché un commissionnaire, Roland, un neveu.

— Dès que Roland reviendra, il y a encore ces deux paniers à porter rue des Filles-du-Calvaire, au 11 et au 28, et rue Debeyllème, au 14...

Paulette embrassa sa fille qui arrivait:

— Voilà Monique, Madame Morice. Elle va pouvoir aider Roland. Dépêche-toi, ma poussinette, sinon on n'en finira jamais aujourd'hui. Ce n'est pas la peine d'ôter tes moufles.

L'arrière-boutique, où Paulette et Simone découpaient le boudin et vidaient les poulets et les dindes, était si encombrée que Monique avait dû enjamber des bassines pour embrasser sa mère. Paulette avait du sang jusque sur le menton. Avec un chiffon rougi, elle essuya l'anse du panier qu'elle tendait à Monique:

— C'est pour Madame Chevalier, 3 rue de Saintonge, c'est écrit sur l'étiquette, ne te trompe pas. C'est une dinde. Ce n'est pas trop lourd?

Monique pliait sous le poids du panier. De son autre main, elle tâtait son enveloppe dans sa poche.

— Mais non, ça va. A tout à l'heure.

— Vous avez vraiment de la chance avec votre petite Monique, dit Simone, tandis que Monique, enfin sortie de la boutique, emplissait ses poumons: elle avait dans la bouche le même goût que quand on saigne du nez, elle avait envie de vomir. Elle serra dans sa main l'enveloppe aux deux mille francs et partit vers la rue de Saintonge aussi vite que son panier le lui permettait.

Madame Chevalier lui avait donné dix francs (deux belles pièces blanches dont l'une était toute neuve) et un marron glacé enveloppé dans du papier doré. Monique l'avait mis dans sa poche, elle ne pouvait rien avaler. Le cœur battant, elle se dirigeait vers la parfumerie, en balançant son panier vide. Elle s'arrêta devant la vitrine. L'enseigne rose *AU PORTE-BONHEUR* brillait de tous ses feux. Dans un coin de la vitrine, sur un socle argenté, il y avait un petit arbre de Noël, tout blanc, avec des guirlandes clignotantes et des tas de petits paquets accrochés. Les flacons de parfums, les plus beaux, celui qui avait un bouchon en forme d'oiseaux, celui qui était comme une boule noire avec une princesse dorée dessus, celui qui ressemblait à une dame vue de dos avec un grand chapeau plat, étaient posés sur un miroir, au milieu du velours rouge. Les lettres *AU PORTE-BONHEUR* se reflétaient dedans, tout était rose et brillant. Monique en avait le souffle coupé. Une dame sortit du magasin. La porte, quand on l'ouvrait, tintait doucement. Là aussi, le magasin était plein de monde.

Monique tâta une fois encore l'enveloppe dans sa poche. Une autre dame sortit du magasin et regarda Monique. La porte tintait. Monique s'avança sur le seuil et mit la main sur la poignée.

Une dame arrivait derrière:

— Alors, petite, tu te décides?

Monique s'effaça. La dame entra. Respirant un grand coup, Monique entra derrière elle.

Il y avait plusieurs personnes avant elle dans le magasin. La première dame choisissait un rouge à lèvres:

— Le rouge Baiser est peut-être un peu sec pour cette saison, disait la vendeuse. Je crois que Max Factor vous conviendrait davantage, les coloris sont très modes.

Elle prenait des tubes dans un présentoir et dessinait un petit trait rouge sur le dos de sa main. Elle en avait les deux mains couvertes et la cliente ne se décidait pas.

— Oui, celui-ci est très joli, mais êtes-vous sûre qu'il ne va pas virer sur moi?

La porte tintait tout le temps, et deux nouvelles clientes étaient entrées. Madame Simon, la patronne, achevait de reconduire un couple jusqu'à la porte:

— Je vous parfume, Madame?

— Volontiers. Du N° 5, je vous prie.

Le nuage enveloppa Monique qui manqua de tomber. Il y avait tellement de monde dans le magasin qu'elle était presque poussée contre le manteau de fourrure si doux de la dame devant elle. Elle avait chaud... Un monsieur choisissait un parfum:

— Si Madame est brune, disait Madame Simon, je vous conseillerais quelque chose de fort, comme *Santal* de chez Roger et Gallet ou *Bandit* de Piguet...

— Et ce joli flacon-là, dit le monsieur, en désignant les deux oiseaux perchés dans la vitrine.

— Celui-ci est superbe pour un cadeau, une véritable œuvre d'art. Odette, apportez-moi un fla-con d'*Air du temps* grand modèle, que je fasse voir à Monsieur...

Le cœur de Monique battait. Elle avait posé son panier vide entre ses jambes, ôté ses moufles et ouvert son duffle-coat. Les quatre vendeuses cou-raient dans tous les sens. L'apprentie qui faisait les paquets-cadeaux ne savait plus où donner de la tête. Les yeux de Monique lui piquaient à cause de la chaleur, des odeurs et surtout de l'attention passion-née qu'elle mettait à tout regarder. Cette attention était si grande que ses doigts s'ouvrirent et qu'elle laissa tomber l'enveloppe des deux mille francs qu'elle serrait convulsivement depuis qu'elle était entrée dans la boutique. Quand elle s'en aperçut, elle eut une émotion aussi forte que si l'enveloppe s'était envolée par la fenêtre. Mais elle la vit, là, à ses pieds, à côté du panier.

Au moment où Monique se relevait avec son enveloppe, Odette arrivait avec le flacon grand modèle d'*Air du temps* de Nina Ricci, les grands oiseaux de verre, dans un carton jaune. La tête de Monique heurta la main d'Odette et le flacon tomba au milieu d'une exclamation générale.

— Qu'est-ce que c'est que cette sale gosse dans mes jambes! cria Odette.

Les clients s'étaient écartés. Sous le carton jaune, la flaque de parfum s'élargissait.

— Mais qu'est-ce que tu faisais là, Monique, disait Madame Simon avec étonnement, eh bien réponds! Qu'est-ce que tu voulais? Tu n'as pas de langue? Un grand modèle d'*Air du temps*... eh bien, c'est ta maman qui va être contente...

SOMBRAS DE LIMA

Pour N.

I

J'ÉTAIS à Lima depuis plusieurs semaines déjà. Je ne parvenais pas – comment ai-je fait à la fin ? Il a bien fallu que je rentre, puisqu'à l'évidence, voilà plusieurs hivers que je suis ici ! – je ne parvenais pas à prendre la décision de rentrer. Je savais que les choses et les gens m'attendaient en Europe, et aussi que, bientôt, je n'aurais plus d'argent. Mais c'était le mois de janvier, et, à Lima, l'été explosait de partout.

Tous les matins, avant de déjeuner, je sautais dans la piscine. L'après-midi, j'allais parfois à la plage, la Herradura avec ses immenses vagues, ou bien je restais dans le jardin, lisant sur une chaise longue, jouissant de cette existence de millionnaire que m'offrait (toute conscience tiers-mondiste restée dans la valise) l'hospitalité extraordinaire de mon cousin Ignacio.

Quand il ne faisait pas trop chaud et qu'Ignacio allait dans le Centre, je profitais de la voiture. Le chauffeur me déposait au coin de la Plaza de Armas, face à la cathédrale où l'on peut voir, dans un cercueil de verre, la momie assez bien conservée de Francisco Pizarro. De l'autre côté de la place, il y a le palais archiépiscopal, avec ses balcons de bois sculptés et totalement fermés, comme des boîtes précieuses accrochées à la façade de pierre. Et c'est par là que j'entrais dans cette Lima coloniale que j'aime presque autant que Paris.

II

LE PALAIS Torre-Tagle, siège actuel du ministère des Affaires étrangères, est une magnifique maison à patio, sans doute la plus belle, mais ce n'est pas celle que je préférais. Il y a, dans le Rimac, cet ancien quartier élégant du temps de la viceroyauté, une splendeur déchue qui me touchait particulièrement. Dans le quartier où je suis née, à Paris, la Société des apéritifs Raphaël-Quinquina entreposait ses caisses de bouteilles sous les lambris dédorés de l'Hôtel de Marsay. Sur la façade de l'Hôtel de Lamoignon, l'atelier Robillard et fils indiquait que c'était là, au fond de la cour, qu'ils fabriquaient, depuis 1880 des boutons et des agrafes... Alors à Lima, dans le vieux quartier ruiné, je me sentais chez moi.

Au XVIIᵉ siècle, les élégantes et leurs cavaliers, descendants heureux des gibiers de potence dont l'Espagne n'avait plus su que faire, déambulaient majestueusement le long du Paseo de los Descalzos, la promenade à la mode, bordée de palais magnifiques. Maintenant, c'était moi qui foulais les pavés disjoints recouverts de poussière grise, qui m'asseyais sur les bancs rouillés et branlants, qui admirais les statues charmantes aux membres brisés, au visage mangé par la moisissure et les crottes d'oiseaux. Les anciens hôtels particuliers s'en allaient en lambeaux, les balcons s'écroulaient, les stucs se détachaient; sur les façades écaillées, la crasse qui elle-même, de guerre lasse, retombait par plaques, laissait parfois voir un ancien rose ocré, comme une joue de demoiselle. Les cordes à linge suspendues entre les chapiteaux corinthiens, montraient que ces ruines étaient habitées, surpeuplées même, par les gens qui, assis pendant le jour sur les anciennes plates-bandes, tentaient de me vendre des lacets, des porte-cartes en plastique, des pommes au sucre, des trompettes pour enfant ou rien du tout, se contentant alors de tendre la main en murmurant un « Dáme algo, mamacita » sans conviction.

J'aimais imaginer, derrière la déchéance, l'ancienne splendeur. Je voyais les lanternes brisées briller de centaines de bougies, les magnolias blancs et roses fleurir sur les buissons desséchés, et les belles limeñas en mantille se cacher derrière leur éventail pour regarder passer le carrosse de la Péricole... La Perri Choli (« la chienne de métisse »!), dont le palais, justement, était tout près du Paseo.

Cet après-midi-là, quand je voulus y retourner, je le trouvai fermé, officiellement pour réfections. Mais il n'y avait pas trace d'ouvriers ni de travaux en cours. Alors je réussis à pénétrer dans le jardin. C'était devenu une jungle de ronces, qui rappelait que la charmante maîtresse du vice-roi aimait par-dessus tout les roses. Au fond, la gloriette était encore debout, mais j'avais trop peur pour mes mollets pour tenter de parvenir jusqu'à elle. La maison était fermée, et, malgré les vitres cassées, je n'ai pas osé m'introduire à l'intérieur. La terrasse, face au jardin était jonchée de morceaux de marbre, bouts de corniche, éclats de colonnes, débris de statues. Car elles étaient toutes brisées, les statues qui descendaient gracieusement le long de l'escalier extérieur. Je me suis assise sur une marche fendue, et j'ai ramassé dans les gravas un petit morceau de velours rouge. La Péricole montait dans son carrosse pour aller, pas très loin de là, à la Plaza de Acho, assister à une course de taureaux dans la loge de son amant royal, enveloppée dans une cape de velours rouge...

Oh Lima de mis recuerdos, que la nostalgie était douce et inquiétante dans les rues, sur les places, le long des murs moussus des anciens couvents! Je m'y abandonnais dans la moiteur de ces après-midi, avant que le colectivo de la Plaza San Martin ne me ramenât, à travers les rues étroites, puis plus larges et encombrées de la Lima moderne, par l'Avenida Javier Prado, jusqu'à San Isidro, le quartier chic aux avenues silencieuses, bordées d'arbres épais et de villas luxueuses, où mon cousin Ignacio habitait, Avenida Orrantia.

Là, plus de souvenirs, plus d'ombres charmantes glissant en silence sur les pavés disjoints, plus de carrosse du Saint-Sacrement. Les voitures y étaient automobiles, américaines et longues de vingt-cinq mètres, et les silhouettes furtives qui se cachaient derrière les arbres n'étaient pas les fantômes du passé. C'étaient les enfants des bidonvilles alentour guettant la cuisinière qui posait sur le trottoir les poubelles où ils essaieraient fébrilement de trouver de quoi se nourrir pour la journée. Cela aussi c'était Lima, Lima insupportable et qui serait cause qu'un jour, quand même, on finirait par rentrer.

III

C E   J O U R - L À , il faisait magnifiquement beau, j'étais de bonne humeur, et je ne me sentais apte ni à la nostalgie, ni à la compassion. Il y a des jours comme cela où le cœur se met en congé. C'est reposant. J'avais rendez-vous avec ma cousine Sarita, la sœur d'Ignacio, pour *faire des courses* occupation sacrée qui constituait, avec le bridge l'hiver et la plage l'été, plus des trois-quarts de la vie de ma cousine Sarita; le dernier quart étant consacré à son mari et à leurs trois enfants qu'elle embrassait fougueusement le matin vers 11 heures quand elle sortait de la salle de bains et qu'ils rentraient du parc avec leur gouvernante. Elle les embrassait à nouveau vers midi et demi, en traversant, un verre de whisky à la main, la cuisine où les trois petits déjeunaient. Elle goûtait les purées d'un air gourmand, s'exclamait: « Délicieux, Juana, délicieux! », se tournait vers la gouvernante d'un air sévère: « Il faut qu'ils mangent tout, n'est-ce pas, Paulina, jusqu'à la dernière cuillère, surtout Cati qui est si maigre! » Elle pinçait alors le bras de sa fille: « N'est-ce pas, Catita, que tu es trop maigre? Il faut manger, ma chérie... Horreur, il est presque une heure! » et tournée vers la cuisinière: « Alors, Juana, on ne mange pas aujourd'hui? Monsieur qui est toujours si pressé le mardi, tu sais bien... » et elle sortait de la cuisine en oubliant son whisky.

J'aimais bien Sarita qui avait 28 ans, déjà cinq ou six kilos de trop et soixante-douze paires de chaussures avec les sacs assortis.

Miraflores est l'autre quartier chic de Lima, mais il n'a pas la même élégance que San Isidro. C'est un quartier plus moderne, plus aéré, qui va jusqu'à la mer. Point d'avenues sombres ou de maisons aux lourdes grilles de fer forgé. Le long du Malecon – la promenade en bordure de mer où les jeunes gens faisaient pétarader d'étranges petites autos de plastique aux pneus larges, spéciales, m'avait expliqué Sarita enthousiasmée, pour faire des courses dans les dunes de sable – le long de ce Malecon trop exposé aux vents du Pacifique, s'étendaient de luxueux immeubles modernes avec portier galonné, où de jeunes couples, méprisant les sombres lambris hispaniques de la demeure paternelle, grelottaient derrière d'immenses baies vitrées mal jointes.

En bas de ces immeubles, et aussi sur la jolie place de l'église étaient les boutiques à la mode, les vêtements, la décoration, *Parisian Chic* ou *Home Decor*, où Sarita et ses amies passaient leur vie. Là, on ignorait les honteuses productions de l'*industria nacional* dont chacun sait que les chaussures fondent à la première flaque, les robes se déchirent au premier regard, les fauteuils s'écroulent au premier visiteur, et les aspirines vous tuent au premier comprimé. Non, au *Parisian Chic* les robes venaient de Miami, Floride, directement copiées sur les modèles de Paris.

— Je te jure, disait Sarita qui avait hérité de son père des immeubles à Miami et y allait chaque année, je te jure, les mêmes modèles, je les ai vus à Miami, et seulement deux ou trois mois plus tard, hop, ils sont à Lima. C'est bien simple, je ne sais pas ce qu'on ferait ici sans *Parisian Chic* (elle prononçait « sic », avec la langue entre les dents, comme pour le th anglais), des fois j'envoie ma couturière, oh à propos tu sais, ce n'est plus la Marisol, j'ai changé, un scandale ma fille, elle a refait le patron d'une de mes robes pour la Sanchez Palacios, enfin toute une histoire, fais-moi penser à te la raconter, enfin, bref, maintenant ma couturière s'appelle Gladys, elle est très bien, d'ailleurs tout le monde y va, c'est la fille du général Lopez Bustillo qui me l'a indiquée, tu aurais dû voir sa robe de mariée, c'est la Gladys qui l'a faite, quel mariage, c'était avant que tu arrives, c'est dommage, enfin, qu'est-ce que je disais? Ah oui, des fois, je dis à Gladys d'aller voir en douce dans la vitrine de *Parisian Chic* et de me copier la robe... Elle est vraiment géniale! Si tu veux te faire faire quelque chose avant ton départ, en huit jours c'est fait. J'y vais demain après-midi, je t'emmène.

A *Home Decor*, il y avait des paillons, des pots de grès, de la vaisselle blanche, de la faïence paysanne, des nappes en Vichy. Sarita, dont la salle à manger s'ornait d'un centre de table en argent repoussé, cadeau de mariage de la grand'mère de son mari, née Beltran-Espantoso, un chef-d'œuvre du XVIIe siècle que n'aurait pas dédaigné le conservateur du château de Versailles, Sarita qui servait le thé, le café, l'eau, (mais plus le vin depuis qu'elle avait lu dans *Mujer y hogar* que la bouteille d'origine faisait plus chic), le lait, la soupe, enfin tout ce qui coule, dans des théières, cafetières, aiguières, soupières, timbales en argent massif (l'argent, l'argent brillant, mat, martelé, vieilli, bruni, éclatant; l'argent, métal que j'adore! L'argenterie, fonds obligé du trousseau de toute bonne maison péruvienne; plata querida qui me donnait, partout où j'allais dîner, des bouf-fées de cleptomanie...), Sarita, ne l'oublions pas la pauvrette, la sotte qui cachait son centre de table dans le buffet quand elle recevait des Américains, Sarita, donc se pâmait au milieu des cocottes en terre cuite et acheta un service à (à quoi?) mettons à thé, en poterie émaillée, composé de petits bols sans anses et sans soucoupes, et d'une théière dans les bruns verts dont les veinules regorgeaient d'inspiration artistique.

— C'est signé, tu as vu? (elle en sautait sur le trottoir), ça me changera du Limozes de la tía Clara, et de cette grosse théière en argent (oh mes amours, ma convoitise, parfois, la nuit, je rêvais que j'allais dans le buffet...) que Leonardo doit frotter tous les trois jours.

Je n'avais rien acheté à *Home Decor*, mais au *Parisian Chic*, je m'étais laissée avoir par une robe rayée rose et blanche que j'ai encore et que j'aime tendrement. Quand reverrai-je Sarita et ses bouclettes artificielles, sa poudre trop rose sur son teint trop brun, et ses efforts pour cacher son arrière-arrière-grand'mère trop indienne?

IV

EN SORTANT de la boutique, nos paquets à la main, Sarita était épuisée, liquidée, vannée, tu ne peux pas te rendre compte toi qui es en vacances et quand je pense que ce soir nous avons ce dîner (à propos, tu viens, hein?) et il faut encore que je prenne un bain, pourvu que Juana ne se mette pas en retard comme d'habitude, heureusement qu'Alexandre vient me coiffer à la maison...

Moi, j'avais soif. Sarita avait envie d'une glace, et pour une fois ce n'est pas ça qui me fera grossir. Juste sur la place, de l'autre côté du jardin, il y avait ce vieux café-salon de thé, avec une terrasse dehors, que j'aimais beaucoup. Sarita aurait préféré le *Haïti* un peu plus loin mais tellement à la mode, avec des tas de coupes glacées déjà prêtes dans le freezer vitré, et de la musique, et tous les gens un peu intéressants qui s'y retrouvaient. Mais j'ai dit que j'étais trop fatiguée et que j'adorais ce café, juste là, avec la terrasse.

— Je ne sais pas ce que vous avez, les Européens, à aimer comme ça les vieux machins, dit-elle en s'asseyant sur une chaise en fer forgé de la charmante terrasse. Ça doit être à cause de tous ces musées...

Sarita parlait en connaissance de cause: pour ses quinze ans, elle avait fait, en compagnie de son père, un tour d'Europe dont l'Italie restait à la fois le pire (à cause des musées) et le meilleur souvenir (grâce à la Via Venetto).

— Quand même, je crois que je vais convaincre Luis-Alejandro de retourner en Europe cet hiver. On peut très bien laisser les enfants avec Paulina, et ma mère qui passe tous les deux jours, pendant deux mois, qu'est-ce que tu en penses?... Oh, ça serait génial, et puis on irait chez toi, tu prendrais des vacances, on passerait notre vie entière à *Lafayette*...

Parfois, quand je passais la journée avec Sarita, il arrivait que, malgré moi, mon attention s'échappât. Je l'écoutais distraitement, en regardant les hommes qui passaient, avec des arrières-pensées dragueuses. Avec Sarita, on s'y entendait très bien, sur la plage principalement, et que veux-tu, hijita, Luis-Alejandro est si absent parfois, si absorbé par son travail, si... (si con, allez ma chérie, à moi tu peux le dire,) dis-donc, ces deux-là qui s'assoient, je crois qu'ils nous regardent, oh, ils doivent être étrangers, attends, ne regarde pas tout de suite...

Le garçon avait apporté une énorme chose crémeuse pour Sarita et un citron pressé pour moi. J'avais repéré les deux *étrangers*, effectivement envisageables ; j'avais gardé ma robe neuve à rayures roses et blanches ; la vie m'apparaissait passionnante, pleine de copines pour bavarder, de robes à acheter, de types à rencontrer, à séduire, à aimer, pourvue d'un été éternel et d'un compte en banque inépuisable. Je crois bien que j'avais oublié que j'étais à Lima. Je me croyais, Dieu sait, à Miami sans doute, triomphe inconscient de Sarita ma-tendre-bavardeuse, à Miami, en train de parler anglais, langue où l'on ne risque rien, langue de plastique garantie sans associations d'idées, sans mémoire, sans surprises. Je me réservais déjà le plus grand des deux *étrangers*, et je promenais sur la terrasse un regard absent, indifférent, hautain mais malgré tout naïf, prêt à s'étonner, à en croiser un autre, un vrai chef-d'œuvre! Oubliée vous dis-je, oubliée Lima et ses pièges, innocente dans ma robe neuve, lorsque je vis, à quelques tables de nous, un homme étrange.

C'est son costume qui a d'abord attiré mon attention : il portait un complet de fin lainage blanc, sans doute de l'alpaga, tout passepoilé de bleu marine, avec un gilet blanc, une chemise à col très haut et une sorte de lavallière bleue marine. Un costume genre Promenade-des-Anglais comme on n'en porte plus, même à Lima, depuis la guerre au moins. Et il avait un panama jaune clair posé sur la table... Il était seul, il paraissait nerveux, regardant sans cesse derrière lui, croisant et décroisant les jambes, ce qui me permit de voir qu'il portait également des chaussures bicolores, bleu marine et blanches, qu'on aurait même pu prendre pour des guêtres. Il était maigre, plutôt vieux, avec des cheveux coiffés en arrière, plaqués à la gomina. Il semblait descendu directement d'un grand paque-bot dans un film avec Jean Harlow.

J'avais oublié les deux futurs séduits, lesquels d'ailleurs n'avaient pas l'air aussi intéressés que le prétendait ma coquine de cousine. C'est alors que l'homme se leva d'un bond (j'ai vu à ce moment qu'il portait un jonc très fin avec un gros pommeau) et je pensais qu'il venait enfin d'apercevoir la personne que, visiblement, il attendait avec impatience. Je l'ai suivi des yeux : il est allé au bord du trottoir, s'est incliné légèrement, puis il est revenu vers sa table en faisant le geste de quelqu'un qui guide une personne en la tenant par le bras. Il a avancé une chaise pour l'aider à s'asseoir, tout ceci avec un grand sourire et des gestes d'une politesse raffinée. Ensuite il s'est assis à sa place et il a entamé avec son vis-à-vis une conversation animée, dont je ne parvenais pas à saisir un mot, malgré tous mes efforts, dans le brouhaha si sonore des conversations espagnoles et de la rue toute proche.

Les deux *Anglais* (nationalité devinée par Sarita à des signes infaillibles) étaient partis et ma cousine était un peu mécontente, quoique, de toutes façons, avec ce dîner ce soir, hein, on était coincées, et puis les rendez-vous pour le lendemain, non, ça c'est fini, maintenant il faut faire attention, enfin toi tu es en vacances et seule, tu t'en fous des gens, ce n'est pas pareil, mais moi, tu te rends compte, enfin ils sont partis, tant pis, ou peut-être tant mieux, qu'est-ce que tu mets ce soir comme robe, hé, tu m'écoutes?

J'essayais. Mais je regardais, fascinée, l'étrange pantin désuet et solitaire. Car, bien entendu, il n'y avait personne. Personne au bord du trottoir, personne assis en face de lui pour répondre à son sourire. Ses longues mains brunes faisaient des gestes étranges, crispant les doigts, caressant le vide, dessinant du bout de l'index, doucement, comme une ligne horizontale suspendue à quelques centimètres de la table. Je compris au bout d'un moment qu'il tenait entre les siennes des mains imaginaires, et que tout en parlant, il les caressait tendrement. Il ne voyait personne d'autre autour de lui. Et, plus étrange encore, dans ce café bourré de monde, personne ne semblait s'apercevoir de son comportement insolite. Le garçon lui avait apporté une bière sans que, apparemment, il n'eût rien commandé, et je me demandai l'espace d'un instant si je n'étais pas victime d'un de ces sortilèges où un objet ou une personne est invisible pour le méchant et pour le sot. Peut-être était-il assis là, le compagnon de l'étrange personnage, et peut-être étais-je la seule à ne pas le voir?

Sarita lui tournait le dos.

— Sarita, il y a un type extraordinaire à deux tables derrière toi. Ne te retourne pas trop vite.

Je le lui décrivis.

— Et il est seul. Et personne ne semble remarquer son attitude. C'est inimaginable!

Sarita jeta un coup d'œil, et se retourna tranquillement vers moi:

— Bien sûr, je le connais, dit-elle. C'est Don Alfredo. C'est un fou.

— Comment, un fou? Pourquoi le connais-tu?

J'étais complètement excitée par cette apparition, et Sarita ne comprenait visiblement pas ce qui pouvait tant m'intéresser chez ce vieux dingue gominé. Les histoires que Sarita préférait, c'était les récits d'adultère, et outre les siennes, elle m'en racontait des dizaines mettant en scène toute la bonne société de Miraflores et de San Isidro, et même de province, car une de ses amies d'école avait épousé un militaire, «capitaine pour le moment» et s'ennuyait ferme à Arequipa, si bien qu'elle venait à Lima tous les mois ou presque, et alors, je te jure, ma pauvre, mais c'est dingue la vie qu'elles ont là-bas, tous ces militaires qui s'embêtent, enfin, même comme ça, ce n'est pas moi qui irais m'enterrer à Arequipa...

Et moi, je l'écoutais pendant des heures car ses récits étaient drôles, vifs, méchants, possédaient à fond ce qu'on appelle au Pérou l'esprit *criollo* et me faisaient mourir de rire. Pour connaître l'histoire de Don Alfredo, je pensais avoir trouvé l'informatrice idéale. Mais justement, cette histoire n'était pas de celles qui plaisaient au museau pointu de ma cousine. Elle était trop simple, et Sarita n'y trouvait visiblement rien de passionnant. Elle me la raconta pourtant, par amitié, et pour céder à un caprice de ces Européens qui s'extasient vraiment sur n'importe quoi.

*
*   *

Il y avait longtemps, plus de trente ans, peut-être quarante, en tout cas, elle, Sarita, l'avait toujours connu dans le quartier depuis sa naissance, Don Alfredo était un jeune homme riche de Miraflores, qui allait à la plage et qui conduisait (détail supposé par la narratrice, mais il fallait bien quand même qu'elle se fasse un peu plaisir) qui conduisait, donc, une voiture américaine comme dans les films avec Cary Grant. Sa famille, dont elle me dit le nom, était riche et connue à Lima. Il était fiancé « ou amoureux » avait précisé Sarita que j'aimais aussi pour ce genre de subtiles distinctions. Elle ne savait pas avec qui, mais si ça m'intéressait vraiment, elle demanderait à sa mère. Toujours est-il qu'un jour, il avait rendez-vous avec sa fiancée dans ce café où nous nous trouvions. Il l'avait vu venir de loin, elle traversait la place, et il s'était levé pour aller à sa rencontre. Comme elle atteignait le bord du trottoir « à deux mètres de lui », précisa Sarita qui arrivait au seul moment du récit qui lui semblât présenter quelque intérêt, une voiture « conduite par un criminel, tu te rends compte, il ne s'est même pas arrêté », rasant le trottoir à toute vitesse, renversa la jeune fille et la projeta sur la chaussée. La voiture qui venait derrière n'eut pas le temps de freiner et lui passa sur le corps, lui écrasant la tête. « Tu t'imagines, répétait Sarita, les yeux brillants, il lui a écrasé la tête. Il y avait du sang et de la cervelle partout. A deux mètres de lui, là, juste devant la terrasse. » Et je regardais, haletante, comme si on pouvait voir encore le sang, la cervelle, le corps écrasé de la jeune fille. « Tu imagines le choc pour lui », continuait Sarita, en désignant Don Alfredo qui poursuivait sa conversation hallucinée. Alors, il était devenu fou. Ses parents l'avaient envoyé aux Etats-Unis, en Angleterre, en Suisse, partout. En vain. « Heureusement que sa famille a beaucoup d'argent. Imagine-toi, il est comme un petit enfant », disait Sarita dont l'esprit fertile découvrait dans cette histoire des possibilités de développement et de broderies jusqu'ici insoupçonnées. Puis il avait commencé à venir dans ce café, toujours habillé de cette façon, et il s'était mis à attendre sa fiancée. D'abord, sa famille avait eu peur qu'il sorte seul. Mais il ne lui était jamais rien arrivé. Il venait ici. Il passait l'après-midi avec elle. Quand la nuit tombait, il rentrait. Au début, dans le café, tout le monde le regardait et rigolait. Le patron disait que ce dingue lui ferait tort, effrayerait la clientèle. Il avait essayé de le mettre dehors. Mais il était si parfaitement inoffensif, absent et opiniâtre que tout le monde avait fini par céder. La famille d'Alfredo s'était entendue avec la direction: elle versait une mensualité (« et pas rien, tu peux me croire »), et en échange on garantissait au pauvre maniaque le respect de son rêve et un verre de bière. Avec le temps, les consommateurs s'étaient habitués, eux aussi. C'était même devenu un personnage familier du quartier. Grâce à sa distinction, à la mensualité, et aussi l'âge venant, on avait commencé à l'appeler de moins en moins « le fou » et de plus en plus « Don Alfredo », avec une nuance de la sympathie, du respect et de la vague crainte que finissent toujours par inspirer aux hommes les folies inoffensives et obstinées. « On dit même, ajouta Sarita, qu'elle revient vraiment, et qu'il est le seul à la voir... Bien sûr, c'est des histoires pour Indiens, mais quand même... »

Et tandis qu'elle se taisait un moment, bizarrement impressionnée par son propre récit, y découvrant vaguement des abîmes qui la rendaient songeuse, je pensais que Lima m'avait bien eue. Les ombres m'avaient retrouvée et reprise, et je savais désormais que dans tous les lieux de cette ville-piège,

du sombre Rimac à Miraflores-la-lumineuse, derrière le visage raviné de la marchande d'avocats ou
dans le sourire Elizabeth Arden de ma cousine
Sarita, elles me guettaient, elles m'attendaient pour
me prendre par la main.

Noms de rues

UN JOUR de ce printemps, je suis retournée à Paris. Ma grand'mère était très malade, et le désir de la voir m'avait en quelque sorte servi de prétexte. J'étais bien souvent envahie par une très forte nostalgie des rues, des gens, des bruits, des couleurs, des odeurs de ma ville. Ma ville-monstre, infernale, invivable et vivante, folle, débordante, défigurée et splendide. La nostalgie... Le désir. Paris-mes-rues, mes gens, mes pauvres arbres. Paris-ma-ville. Mon ventre. L'amour de Paris inexplicable et sauvage comme un amour humain. Je me plongeais, je me roulais, je m'enveloppais de tes rues comme dans un lit. Paris. J'avais envie de me coller aux murs de tes maisons, ces maisons couvertes d'une croûte d'affiches superposées, boursouflée par la pluie, arrachée par plaques, surchargée de graffitis. *Défense d'afficher, loi du 21 juillet 1881.*

J'avais envie de regarder inlassablement par la fenêtre le lac des toits. Mon lac à moi est bleu, gris, rose, hérissé de cheminées, d'antennes, frémissant de bruit et d'histoire, luisant de pluie, brillant de soleil. Toits de Paris. Rues de Paris. Vitrines. Des boulangers-pâtissiers, des charcutiers. Les *Cours des Halles*, les poissonniers. Les odeurs qui m'accrochent, qui m'agressent. Ville sensuelle où l'on crie, où l'on vit, où l'on mange! Regards des hommes... Paris. Ta crasse, tes fumées, tes bagnoles. Tes enfants pâles. J'aimais tes laideurs, tes défauts. Tes clochards, tes concierges. Tout ce qui fait de toi un corps vivant. Je hais l'exil...

J'étais donc partie dans la fièvre et l'angoisse, comme d'habitude. Avec cette crainte vague qui m'étreignait à chaque fois, au moment d'arriver à Paris. Mon enfance tout entière se saisissait de moi, quand le train commençait à ralentir. C'était toute ma mémoire, et même, et surtout, c'était une mémoire qui dépassait la mienne, une mémoire antérieure à ma naissance, accumulée par plusieurs générations et dont l'héritage, qui ne m'avait jamais été léger, commençait à peser comme du plomb aux environs de Villeneuve-Saint-Georges.

Dès mon arrivée, pareille à ces vacanciers qui, dans le train encore, enfilent leur maillot de bain et se font conduire directement de la gare à la plage, je me plongeais sans perdre un instant dans les vagues de ma ville. Dans l'autobus qui me conduisait de la gare de Lyon à la Bastille, je me répétais à voix basse, pour le bonheur unique de retrouver une musique familière, le nom des rues que nous traversions.

Les rues de Paris... Les noms des rues de Paris... Je les gardais en moi, au fond de mon exil, comme un vieil émigré qui ne parle plus jamais sa langue maternelle, mais qui chante à ses petits-enfants d'étranges berceuses qu'ils ne comprennent pas. Les noms des rues portent toute ma mémoire, et j'y pensais plus que jamais quand ma mère me dit que ma grand'mère allait mal, que nous irions la voir dès le lendemain, et qu'elle était, « C'est un nom qui te dira peut-être quelque chose », à la Clinique du Cours de Vincennes. Le Cours de Vincennes... Ce nom, en effet, me *disait quelque chose.* C'est une rue dans le XIIe arrondissement. Je n'y étais jamais allée. Je l'imaginais bordée d'arbres sombres ; peut-être percevais-je dans le mot *cours* une nuance de calme, de promenade et de fraîcheur. Dans cette rue, il y a une clinique qui porte son nom. Un jour d'été, ma mère y est née. Quelque vingt ans plus tard, toujours l'été, ce fut mon tour. Dès le départ, les histoires se mélangent. Et c'est dans cette clinique que, cinquante ans après y avoir mis au monde sa fille unique, ma grand'mère allait peut-être mourir. Mourir ? Des explications enfiévrées de ma mère, je n'avais retenu que cette phrase : « Elle souffre beaucoup. Elle se plaint. Elle crie. » Elle criait. Ma grand'mère criait.

« Taisez-vous, on vous entend dans la rue ! », disait la sage-femme, en entrouvrant la porte de la chambre. C'était un peu avant l'accouchement sans douleur, et je mettais à naître une mauvaise volonté opiniâtre. Ma mère criait.

Qui crie aujourd'hui ? La femme qui accouche ? La petite fille qui naît ? La vieille qui va mourir ? Dans la tête de quelle enfant, de quelle jeune femme, ont-ils résonné ces cris que j'entendais encore, ce soir-là en me couchant chez ma mère, dans la chambre de mon enfance ? Comme à chacun de mes retours, j'étais en proie au déferlement d'une mémoire qui m'assourdissait. Les cris.

Ils résonnèrent si fort, dans tout notre quartier, de Saint-Paul au Carreau du Temple, un certain jour de juillet 1942, qu'ils se sont gravés dans les murs. Rue de Poitou, à vingt mètres du magasin de ma grand'mère, une femme s'est jetée par la fenêtre avec ses enfants dans les bras, quand elle a entendu leurs bottes monter l'escalier. Leurs bottes... On m'a raconté cent fois l'histoire. Jamais je ne suis passée rue de Poitou sans y penser. Les cris. Les bottes.

L'éclair de Pompéi photographia les ombres terrifiées qui fuyaient devant lui, et à jamais, les imprima sur les murs. Certaines angoisses restent ainsi visibles, presque palpables sur les maisons d'un quartier, dans la mémoire d'une petite fille née des années plus tard. Née quand, exactement ? Ce sont deux petites filles gigognes, emboîtées l'une dans l'autre, ou deux sœurs siamoises, accrochées par la mémoire, qui sont nées un jour d'été, quelques années après la guerre (celle de 14 ? Celle de 40 ?), à la clinique du Cours de Vincennes, Paris XIIe.

Ma mémoire gigogne...

Rue de Turenne. Je jouais à être un marin. La cabane des W.C., au milieu de la cour, c'était le bateau. Je débarquais pesamment, traînant un lourd sac de marin, dans un port inconnu, sur les quais encombrés d'indigènes. Je traversais cette foule, j'étais seule, étrangère. Je venais d'entrer à l'école maternelle. Je vivais l'angoisse de ces premiers pas hors de la maison de ma mère comme un lointain voyage. A l'angoisse, déjà et pour toujours, pas d'autre issue que le voyage. Etre un marin...

En 1930, mon grand-père émigra en Argentine. Il embarqua sa famille pour un voyage qui fut la grande aventure de la vie de ma grand'mère. Ma mère avait cinq ans. Ils débarquèrent à Buenos-Aires, les affaires furent mauvaises, ils n'y restèrent que dix-huit mois. Ma grand'mère ne s'en remit jamais. Le voyage en Argentine, au fil des années, devint une espèce de roman mythique, chargé à l'occasion de péripéties innombrables, d'émotions romanesques et de personnages légendaires. Au milieu de mon désarroi, dans cette cour de l'école maternelle de la rue de Turenne, dans le IIIe arrondissement, je demandais secours à mon autre mémoire, celle de cette petite fille antérieure dont je n'étais que le deuxième (le troisième?) exemplaire.

Quand sonnait la fin de la récréation, je devais courir éperdument jusqu'au préau, et y parvenir avant que la sonnerie ne se taise, faute de quoi je recevrais sur la tête la bombe dont la cloche – qui était en réalité une sirène d'alarme – annonçait le largage imminent. J'avais alors quatre ans. Quelle mémoire me soufflait ces jeux angoissants, moi qui n'ai pas connu la guerre?

Après l'école, comme ma mère travaillait, j'allais chez Michèle Mialet. C'était mon amie. Elle habitait boulevard Beaumarchais. Sa mère nous faisait des beignets. On allait chez elle en remontant la rue Saint-Gilles, ou la rue des Francs-Bourgeois. A l'école, nous apprenions à lire dans *Le Livre de la Jungle*. Mais sur les murs, on déchiffrait en s'appliquant : *Libérez Jacques Duclos, Libérez Henri Martin, Paix en Indochine*. Un jour, rue du Pas-de-la-Mule, tremblantes d'émotion, avec un morceau de plâtre, sur une plaque de fer rouillé couverte d'affiches, nous avons écrit : *US go home* et *Libérez les Rosenberg*. Un dessin que ma mère avait dans sa chambre représentait Eisenhower souriant, découvrant en guise de dents, deux belles rangées de chaises électriques. Du côté des bons et des martyrs, les juifs et les communistes, comme mes parents, comme les Rosenberg qui avaient un petit garçon de mon âge... J'avais cinq ou six ans. Persécutions et angoisses faisaient partie de mon histoire, de mon présent comme de ma mémoire... Je n'en avais pas d'autre que celle de ma mère, dans la nuit du 17 juillet 1942, pendant la grande rafle du Vel' d'Hiv', réfugiée dans la cave de la rue du Foin... Rue du Roi-de-Sicile, il paraît qu'ils ont... Maman, ton angoisse me serrait à la gorge...

Mon enfance me serrait à la gorge. Une incroyable nostalgie pour cette petite fille en jupe écossaise et aux cheveux frisés, qui savait jouer ses peurs, m'avait envahie. C'était elle que je cherchais sans fin en scrutant les miroirs. Mais je la savais disparue à jamais. Plus de petite fille. Aucune petite fille. J'ai l'âge d'être la mère à présent. Mais j'ai brisé la chaîne. Pour ma fille, ces noms ne sont plus qu'une musique étrangère. Les hautes maisons roses de la place des Vosges dressent des façades à ses yeux décrépites.

De la rue de Bretagne à la rue Debeyllème, de la rue Vieille-du-Temple à la rue des Quatre-Fils, de la rue des Tournelles à la rue des Rosiers, personne ne viendra plus jamais promener après moi sa mémoire centenaire.

J'ai trahi.

LA GUERRE D'ESPAGNE

Para Daniel

I

FRÉDÉRIC DE MALAUCÈNE ne sup-
portait pas la fumée. Après le dîner, quand les
hommes, sur la terrasse, allumaient leurs cigares,
Frédéric s'éloignait discrètement. Les convives, tout
à leurs conversations brusquement animées par la
rupture des voisinages qu'imposait l'ordonnance de
la table, et dont les groupes se reformaient par
affinité tandis qu'on servait le café, ne remarquaient
pas l'absence de Frédéric qui, souvent, empruntait
l'escalier de pierre et descendait dans le parc.

Il s'éloignait par une allée qui partait de côté en
direction de la ferme. Et quand le bruit des voix ne
lui parvenait plus que comme une sorte de murmure
qu'on pouvait confondre avec celui du vent, quand il
apercevait à sa gauche les lumières de la maison

paysanne, aussi brillantes que celles du château à sa droite, Frédéric de Malaucène était heureux.

Il s'asseyait sur une souche et appuyait ses coudes sur ses genoux. Il écoutait le silence bruyant du parc, les voix lointaines de ses invités qui lui parvenaient avec les petits coups de brise. Il ne pensait pas. Il était bien.

Quand Frédéric était jeune, il avait honnête-ment essayé de lutter contre ce goût de la solitude et du silence, cette horreur des bruits, des odeurs et même des couleurs violentes, qui étaient, dans son milieu surtout, considérés comme une *originalité* à la limite du dérangement mental. Ce n'était pas que Malaucène fût misanthrope. Il se plaisait aux lon-gues conversations que l'on tient à voix basse avec les gens qu'on aime vraiment. Il aimait les femmes que l'amour et le désir rendaient graves et silencieu-ses. Mais il détestait, quand il avait vingt ou vingt-cinq ans, les éclats bruyants de ses amis, les glapis-sements de leurs compagnes, les lumières crues des soirées à la mode, leur musique qui lui sciait les nerfs, et, surtout, l'odeur atroce de la fumée des cigares qu'il fallait, pour être un homme, savoir souffler au visage des gens.

Il s'était appliqué à aimer les automobiles pétaradantes dans lesquelles ses amis filaient vers Deauville. La mode consistait alors à quitter Paris dans la soirée, après un dîner souvent fort arrosé, afin d'accueillir sur les planches le lever du soleil, et de prendre son premier bain dans la lumière rosée de l'aube. On emmenait des filles qu'on *levait* le soir-même à Montparnasse. La vitesse des voitures décapotées qui fonçaient dans la nuit leur faisait pousser des cris perçants de plaisir et d'angoisse. Le vent sifflait dans leurs oreilles, les moteurs hurlaient. Frédéric se sentait devenir fou et se recroquevillait au fond de la voiture – il n'avait jamais pu, là vraiment non, apprendre à conduire lui-même – tandis que la jeune fille assise à côté de lui sur la banquette battait des mains, et lui demandait, entre deux éclats de rire, s'il se sentait mal. Dans ces moments-là, Frédéric était envahi par une impression de solitude irrémédiable et fatale qui devait l'accompagner toute sa vie. Il lui semblait alors qu'une épaisse vitre s'abattait entre le monde et lui. Il regardait ses contemporains s'agiter, danser. Il entendait ce qu'ils disaient, les idées qu'ils échangeaient, ce qui les faisait rire ou les indignait, et il avait l'impression de venir d'une autre planète. Il ne ressentait d'ailleurs aucun mépris pour ces gens – ses amis, ses maîtresses – avec qui il ne partageait rien. Au contraire, il aurait bien aimé, parfois, ressentir le plaisir ou l'enthousiasme qu'ils exprimaient devant une musique, une voiture, une fille qui passait sur le trottoir devant le *Sélect* et qu'ils pariaient de suivre, d'aborder et de ramener à leur table avant qu'elle ait atteint le carrefour Vavin. Il s'efforçait alors de suivre, comme les autres, les péripéties de l'aventure, mais quand celui que le sort avait désigné, ramenait triomphalement sa conquête et la présentait aux copains pouffant de rire, d'un air de feinte cérémonie, Frédéric se sentait envahi d'une telle honte et d'une telle tristesse qu'il se levait bientôt et s'éloignait sous un vague prétexte, désespéré.

En ces années de sa jeunesse, Frédéric vivait seul à Paris. Son père avait été tué tout de suite, au deuxième jour de l'offensive, en août 14. Sa mère s'était retirée à Malaucène avec ce fils unique qui n'avait que douze ans. Née Isabelle de Mérindol, c'était une enfant du pays et elle s'était juré de ne plus jamais quitter sa Provence. Frédéric avait atteint l'adolescence dans cet univers d'un autre âge, sur ce grand domaine que l'absence des hommes abandonnait aux cigales, aux mauvaises herbes et aux enfants du village, sous l'œil de quelques veuves de guerre entre lesquelles le chagrin commun abolissait les barrières sociales. Isabelle de Malaucène était ainsi devenue la confidente de la femme du régisseur, tué le même jour que son capitaine, avec, d'ailleurs, la totalité de la section. Et Frédéric, pendant quatre ans, n'avait pas quitté les quatre fils Soubirand, dont deux étaient plus jeunes et les deux autres plus âgés. Madame de Malaucène et la veuve Soubirand cousaient sur la terrasse et les garçons couraient la campagne à bicyclette, profitant de toutes leurs forces de ces étranges grandes vacances où les hommes, trop occupés par leur folie, oubliaient les enfants.

En 1919, Madame de Malaucène était brusquement sortie de sa torpeur pour s'apercevoir que son fils, bientôt âgé de dix-sept ans, ne savait rien. Elle le mit en catastrophe chez les Jésuites de Carpentras qui parvinrent à lui faire passer son bac en trois ans. Cela n'avait d'ailleurs pas été très difficile, car Frédéric s'était révélé intelligent et travailleur. Il était heureux dans ce grand collège du XVIIIe siècle aux longs couloirs sonores, à la grande cour plantée de platanes. La découverte de l'histoire avait été le premier choc affectif de ce garçon tardif. Le latin aussi l'enthousiasmait. Il s'y était jeté avec une ferveur qui laissait pantois ses professeurs-mêmes. En un an, il avait rattrapé quatre degrés. Du *De virus illustribus* au mois d'octobre, il était passé à Cicéron en janvier et à Tacite la veille des vacances. En juillet, à Malaucène, le premier jour qu'il sortit avec un volume d'Ovide sous le bras, il rencontra l'aîné des Soubirand, Gaston, qui lui proposa en hésitant une promenade à bicyclette. Frédéric refusa, il voulait lire sous un figuier. Gaston n'insista pas. Petit à petit, bien qu'il rentrât encore chaque semaine, Frédéric s'éloignait du Malaucène de son enfance.

Quand il eut son bac, il convainquit sa mère de le laisser partir à Paris. Il était riche et d'ailleurs bientôt majeur. Isabelle, qui le trouvait dans le fond de son cœur un peu godiche pour un garçon de vingt ans, ne se fit pas longtemps prier. En automne 1922, Frédéric de Malaucène débarqua du train d'Avignon, accueilli sur le quai par son oncle et sa tante de Mérindol.

Les premières semaines, il lui fallut trouver un appartement, puis ses deux cousins de Mérindol le pilotèrent dans la société parisienne. Il eut, enfin, sa première aventure, avec une *Gigi* oxygénée et glapissante que son cousin François, alarmé par ses confidences, lui jeta entre les bras. Frédéric passa la journée suivante à pleurer, enfermé chez lui. Non qu'il se sentît souillé, dégoûté ou traumatisé par l'expérience, au contraire, il était tout simplement malade de déception. Qu'un moment dont il se représentait depuis des années les délices, au point d'en reculer le plus possible l'échéance, afin d'en pousser jusqu'à la limite les représentations de l'imagination, se fût, en fin de compte, réduit à *cela*, lui était absolument insupportable. Il lui parut dès lors qu'il n'avait plus rien à attendre de la vie, qu'il en serait de même de tout ce qu'il en avait espéré. Désormais, il en était sûr, les rencontres, les paysages étrangers, les livres à venir, les œuvres fabuleuses, tout ce qu'il s'était tant réjoui de connaître, aurait l'insignifiante fadeur de ce corps plat qui sentait la poudre de riz; tous les plaisirs rendraient le bruit mensonger des deux ou trois vagues cris qu'elle avait jetés en pensant à autre chose. Il eut envie de rentrer à Malaucène et de s'y enfouir à jamais. Il pensa même à se faire prêtre, et se rêva un instant père Jésuite, dans son cher pensionnat de Carpen-tras. Mais son cousin François, qui venait aux nouvelles, sonna à la porte, et la haine que Frédéric éprouva en le voyant (et qu'il éprouvera encore cinquante ans plus tard, bien des années après que François fût devenu son beau-frère) le réveilla et lui remit les pieds sur terre. Il décida qu'il lui fallait *vivre* et faire un effort pour *profiter de sa jeunesse*. Il accepta d'aller danser le soir-même avec une bande d'amis et se jeta dans la vie avec application.

Il y parvint d'ailleurs assez bien. Il devint même vite populaire dans le groupe des amis des Mérindol. Frédéric, grand, brun, les yeux noirs, les cheveux raides retombant en une lourde mèche sur son front et qu'il rejetait sans cesse en arrière, était beau. Il était riche, gentil, cultivé. Sa mélancolie, qu'il apprit vite à dissimuler, lui donnait un air étrange qui plaisait aux femmes. Il se laissait faire avec bonne volonté. Certaines parvinrent à corriger légèrement la mauvaise impression laissée par la malheureuse Gigi, mais aucune ne put l'effacer complètement. Simplement, Frédéric en prit son parti. Et comme tout cela le laissait fondamentalement indifférent, il suscitait des passions dévorantes et innombrables.

Il ne faisait rien de précis. Il essayait de vivre. Trois à quatre fois par an (et tout l'été, de juillet à octobre), il descendait à Malaucène. Le domaine, sous la férule des Soubirand que l'ancienne amitié avec le maître rendait plus vigilants encore, marchait tout seul. Mais Frédéric avait à cœur de se tenir au courant, car il n'avait jamais douté qu'un jour, il finirait par rentrer définitivement. Paris, malgré ses efforts sincères, ne parvenait pas à le retenir, ni à lui fournir une raison de vivre.

Sa mère, toutefois, se tourmentait. Elle trouvait Frédéric trop oisif, n'apprenant rien. Elle entretenait depuis 1920 une liaison extrêmement secrète avec le médecin de Malaucène, un vieil ami, camarade de classe de son mari, et que la guerre avait inexplicablement épargné, bien qu'il l'eût faite d'un bout à l'autre, comme major, et qu'il eût récolté tout ce qu'on pouvait imaginer en fait de citations et de médailles. La mort, toutefois, ne s'était pas totalement désintéressée des affaires du Dr Faure, puisque sa femme avait été emportée en 18 par la grippe espagnole. C'était lui qui mettait ces idées démocratiques d'études et de carrière dans la tête d'Isabelle. Quand il vint à Malaucène et qu'elle lui parla de droit et même (avec une légère rougeur) de médecine, Frédéric fut très surpris. Il n'y avait jamais pensé. Un de ses cousins, Jacques, l'aîné, faisait effectivement son droit, mais il se destinait à la politique, jugeant normal de reprendre, en temps utile, le siège de sénateur du Vaucluse qu'on occupait de père en fils chez les Mérindol, comme on percevait autrefois les droits féodaux. Mais lui, Frédéric, qui pensait rentrer bientôt et vivre à Malaucène la vie de gentilhomme-vigneron dont la mort avait privé son père, quel besoin avait-il de se lancer dans des études inutiles? Isabelle rétorqua qu'il fallait qu'un jeune homme s'occupât, se cultivât et que ce n'était pas les trois ans passés au collège Saint-Louis de Carpentras qui suffisaient comme bagage pour un honnête homme. « L'honnête homme » rendit Frédéric perplexe. Il avait de la peine à reconnaître sa mère, il avait l'impression que quelqu'un d'autre parlait à sa place. Cette conversation inattendue et surprenante le fatigua vite. Il cessa de discuter, s'avoua convaincu, et en octobre suivant, s'inscrivit à la faculté de droit.

Il allait aux cours assez régulièrement et, tous comptes faits, sans déplaisir. Le droit romain l'intéressait, à cause du latin qui lui rappelait le collège de Carpentras. Et Frédéric, au fond de lui, aimait étudier. Mais il manquait d'énergie et de volonté, même pour mener à bien les choses qu'il aimait. Toutefois, du moins au début de l'année, ses études de droit ne lui demandaient pas beaucoup d'efforts et il était plutôt content d'avoir, le matin en se réveillant, un endroit précis où se rendre dans la journée. Et puis il rencontrait d'autres gens, des gens différents du cercle habituel des Mérindol, des gens qui lui rappelaient certains camarades du collège Saint-Louis. Il se fit un ami, lentement, parce qu'il lui fallut plusieurs mois pour s'apercevoir que Jean Langlois l'intéressait vraiment. C'était le fils d'un diplomate en poste à Madrid où il avait passé une partie de son enfance. Il faisait son droit à Paris pour obéir à sa famille, mais il ne rêvait que de l'Espagne qu'il considérait comme sa seconde patrie. Il connaissait tous les Espagnols de Paris et organisait chez lui de grandes soirées dont le bruit des voix, les accords de guitare, les chants profonds que les invités reprenaient parfois tous en chœur, auraient dû terrifier Frédéric, et le fascinaient. Un soir, il fit la connaissance d'un étrange garçon à peu près de son âge, maigre, des yeux noirs immenses et mobiles,

dans un visage mince orné d'une paire d'extravagan-
tes moustaches filiformes. Salvador Dali était peintre, lui expliqua Jean en le présentant. Quelque
chose dans la beauté et la calme politesse de
Frédéric dut plaire à l'artiste espagnol qui ne le
quitta pas de la soirée, lui expliqua sa vision du
monde pendant plusieurs heures, et l'invita pour le
lendemain à une autre soirée « où il y aurait
beaucoup d'amis ». Frédéric s'y rendit, bien que, sur
le moment, l'envie lui en eût manqué. Mais il ne
savait où joindre ce jeune peintre bavard, et, ne
pouvant se décommander, il n'avait pas le choix.
C'est ainsi qu'il fut présenté à un autre Espagnol, que
d'ailleurs il avait déjà aperçu chez Jean Langlois, et
qui faisait du cinéma. Mais Frédéric ne s'intéressait
pas beaucoup au cinéma à cette époque. Les amis de
Dali animaient un mouvement dont on commençait
à parler beaucoup et cela amusait Frédéric, bien qu'il
ne comprît rien à la poésie surréaliste, du moins
celle qu'il avait lue et que les Mérindol se repassaient
en pouffant de rire. Un grand garçon un peu plus
âgé que lui, à la belle tête de jeune lion et à la voix
puissante, lui parut nettement antipathique. Par
contre, mince, dansant, d'une pâleur d'ange et une
canne à pommeau à la main, Louis Aragon le
séduisit immédiatement. Le charme de Frédéric
opéra sur le jeune poète comme il avait agi sur Dali
et il entreprit de l'amuser en lui disant du mal de
tous les invités. Frédéric riait et buvait du champa-
gne. La maîtresse de maison était une Anglaise fort
riche qui portait un nom de bateau. Elle passait

entre les groupes et tendait aux invités ses bras couverts de bracelets du poignet à l'épaule. Elle venait parfois vers eux, faisait tinter ses bracelets et déposait un baiser sur les cheveux du poète. « Be good, Louis » disait-elle en s'éloignant. Aragon expliqua à Frédéric qu'il aimait Nancy à en mourir. Ils se promenaient sur la terrasse où il n'y avait personne. Louis s'était arrêté et regardait Frédéric dans les yeux.

— D'ailleurs j'en mourrai, dit-il. Les femmes... Frédéric était totalement ivre. Des gens entraient sur la terrasse, appelaient Louis. Frédéric, brusquement, se sentit mal. Il s'éloigna.

— Attention à Louis, lui dit Nancy quand il s'approcha pour prendre congé. Elle souriait mystérieusement en lui tendant son bras comme un serpent d'ivoire et d'or: C'est un menteur.

Frédéric se retrouva sur le trottoir, plus seul et plus malheureux que jamais. L'ébriété, cette impression de ne plus s'appartenir vraiment, de parler trop fort, de s'entendre dire, de se voir faire des choses qui n'étaient pas, au préalable, passées par le contrôle de la raison, donnait à Frédéric une impression d'indignité et de déchéance insupportable. Il rentra chez lui et s'endormit sur un fauteuil, sans s'en rendre compte.

— Mais enfin, lui dit Jean Langlois quand il passa chez lui, le lendemain soir, inquiet de ne pas l'avoir vu à la brasserie, où ils avaient habituellement rendez-vous, tu es vraiment un drôle de type! Tu plais à tout le monde, tu t'introduis dans des milieux

enviés! Je t'assure, j'ai des camarades qui donne-
raient un an de leur vie pour une soirée chez Nancy
Cunard. Et toi, tu te sauves et tu restes enfermé chez
toi, sans même savoir pourquoi! Je ne te comprends
pas, Frédéric, on dirait que tu n'aimes pas être
jeune!

II

« C'EST VRAI, pensa Frédéric en reje-
tant en arrière une mèche de cheveux gris, je n'ai
pas aimé être jeune. Etre un enfant, oui, pendant la
guerre (et il se rappela avec joie qu'il avait rendez-
vous le lendemain à l'aube avec Gaston Soubirand
pour pêcher), mais pas un jeune homme... »

Il se mit debout avec un peu de peine. Il était
bien resté une demi-heure assis sur cette souche
dans l'obscurité, et les changements de position,
assis, debout, couché, assis, depuis le lumbago de
l'année dernière, lui étaient devenus malaisés. « Le
problème, pensa-t-il encore tandis qu'il se massait
vaguement les reins, c'est que je n'aime pas non plus
être vieux! »

Mais il fallait rentrer au château maintenant.
Maïté s'était sûrement aperçue de son absence, et, ce
qui était pire, certains invités aussi. Bien que tout le
monde connût les singularités du maître de Malaucène et en fît plutôt un sujet de plaisanterie que de

scandale, Frédéric ne cessait de se sentir coupable et de chercher des excuses qui ne trompaient personne. Les habitués du château prévenaient les nouvelles recrues :

— Vous allez chez les Malaucène ? Vous verrez, ils sont charmants, mais lui est un peu bizarre. Il a eu une vie étonnante. Il a fréquenté les Surréalistes, il a fait la guerre d'Espagne, mais il n'en parle jamais. C'est son beau-frère le sénateur qui nous a raconté cela un jour. Mais il a des lubies. Ah, sa femme ne s'est pas amusée tous les jours ! Enfin, vous verrez...

Ce qui fait que les nouveaux invités arrivaient à Malaucène le cœur battant, et, si Frédéric était, comme dans la plupart des cas, charmant, attentif et affable, ils repartaient déçus et vaguement vexés.

Frédéric arrivait en vue de la terrasse où son absence, visiblement, n'avait pas provoqué de révolution. Il monta l'escalier.

— Tiens, le voilà ! s'exclama son beau-frère François. Mon cher, nous parlions de toi.

— J'ai dû aller voir mon régisseur, balbutia Frédéric, un problème urgent...

Le regard excédé de Maïté lui coupa la parole.

— Un domaine comme Malaucène ne laisse pas une minute de répit, dit aimablement Ambroise Fougeyras, le négociant en vin .

— D'ailleurs, de moins en moins de propriétaires veulent s'en occuper eux-mêmes, ajouta quelqu'un.

« Voilà la conversation repartie, pensa Frédéric. Ils n'ont vraiment pas besoin de moi... » A ce moment, il vit que Maïté le regardait encore. En vieillissant, elle ressemblait de plus en plus à sa tante Isabelle, la mère de Frédéric, et cela le touchait tout en le rendant d'ailleurs assez malheureux, car la ressemblance était toute extérieure et Marie-Thé-rèse n'avait jamais montré les solides dispositions d'Isabelle à aimer la vie. « Ce n'est pas elle qui aurait entretenu une liaison pendant quarante ans avec le Dr Faure », pensa Frédéric. Mais il se souvint alors que sa mère était veuve et que, par chance pour lui, Maïté ne l'était pas. Cette plaisanterie lui sembla drôle et il s'approcha d'elle en souriant:

— Tu es contente ? Tout se passe bien ?

— Oui, dit-elle, très bien. Mais ce n'est pas grâce à toi en tout cas.

Elle le regarda froidement et fit signe à une jeune fille qui portait un plateau chargé de verres pleins:

— Martine, va donc dans le coin du Dr Parent, tu vois qu'ils n'ont plus rien à boire. Et puis ouvre un peu l'œil, tu devrais voir ces choses toute seule!

— Oui, Madame, dit la jeune fille d'un air morne.

— Cette Martine Soubirand est trop gourde, dit Maïté. Je ne sais pas si j'arriverai à lui apprendre quelque chose. Tu devrais en parler à Gaston demain. Tu y penseras ?

— Sans faute, dit Frédéric sachant qu'il n'en ferait rien.

— Et puis, va faire un peu la conversation à

Madame Paulin et à sa fille qui avait tant envie de te connaître. Tu sais, celle qui prépare l'agrégation de lettres, je t'en ai parlé...

Frédéric ne s'en souvenait pas, mais il s'éloigna docilement et s'inclina devant Madame Paulin et sa fille, laquelle se mit à dévorer avidement des yeux l'ami d'Aragon, le compagnon de Malraux, le Comte de Malaucène en personne.

Frédéric, une fois encore, renonça à détromper la jeune femme et à se débarrasser de cette légende stupide qui le poursuivait. Il avait rencontré Aragon deux fois et n'avait jamais adressé la parole à Breton qui lui avait déplu dès le premier coup d'œil. Le seul qu'il eût un peu fréquenté, parmi les écrivains de sa génération, c'était ce malheureux Drieu La Rochelle dont il valait mieux, justement, ne point parler. Il s'y risqua pourtant, comme un dérivatif innocent à l'envie qui le prenait de gifler Mademoiselle Paulin, de jeter son verre sur le sol, et de sortir en claquant la porte.

— J'ai surtout bien connu celui qui était à l'époque l'ami d'Aragon, un écrivain aussi, un garçon très attachant, étrange, Pierre Drieu...

La jeune fille ne sourcilla pas. Il sentit comme une déception :

— Vous ne voyez pas de qui je veux parler? L'auteur du *Feu follet*, Pierre Drieu La Rochelle...

Cette fois, elle sursauta :

— Drieu La Rochelle, le fasciste? Elle fit involontairement un léger mouvement en arrière.

— Oui, c'est cela, dit Frédéric, content de lui.

C'était un drôle de type, très sympathique, qui vivait à l'époque aux crochets de sa femme, une juive qu'il avait épousée pour son argent...

La jeune Paulin le regardait d'un air de stupéfaction et de dégoût, et brusquement, le jeu cessa d'amuser Frédéric.

— Enfin, dit-il d'un autre ton, il a écrit quelques bonnes choses, mais il a mal tourné, mal fini surtout. Il a toujours été un peu fou, ajouta-t-il pour rassurer tout à fait la jeune fille. Mais excusez-moi, j'ai des ordres à donner, je m'aperçois que le service ne suit pas.

Il se tourna vers Madame Paulin qui écoutait respectueusement la conversation, en admirant sa fille de toute son âme :

— Je vous félicite, chère Madame, c'est un plaisir de bavarder avec Mademoiselle votre fille. Il faudra nous l'amener plus souvent.

Il s'inclina sur la main qu'on lui tendait et s'éloigna. Au passage, il recueillit avec soulagement un coup d'œil approbateur de Maïté. La tête lui tournait, il avait de plus en plus mal dans le dos, dans la cuisse. La fumée qui envahissait le salon, malgré les portes-fenêtres ouvertes, lui donnait la nausée. Il sortit sur la terrasse et s'appuya sur la balustrade de pierre, la main sur la poitrine. Son cœur battait trop fort.

« J'ai bien souvent du mal à respirer maintenant. Je supporte de moins en moins la fumée. C'est ce poumon... Je ne peux quand même pas interdire à mes invités de fumer. »

Il ramena en arrière la mèche de son front. Que faire? Il ne pouvait pas disparaître à nouveau dans le parc. D'ailleurs, il avait trop mal dans le dos et dans la jambe gauche. Il ne pouvait pas davantage aller se coucher maintenant, retraverser le salon sans prendre congé. Il imagina la réaction de Maïté, le lendemain. Mais, bien plus que les reproches de sa femme, qu'il subissait somme toute assez placidement, c'était la grossièreté du procédé qui empêchait Frédéric de céder à cette envie qui le taraudait. Se déshabiller. Oter cette cravate, ouvrir ce col, défaire cette ceinture, jeter ces souliers à l'autre bout de la pièce, et s'allonger, seul, dans des draps frais. Fermer les yeux, oublier la douleur dans le dos, le vieux corps maladroit, et, peut-être, dans l'obscurité et le silence, retrouver quelque fantôme...

Il regarda sa montre: minuit moins vingt. Personne ne décollerait avant au moins trois quarts d'heure, et jusqu'à ce que le dernier soit parti... L'espace de temps qui le séparait du moment où il fermerait enfin sur le monde extérieur la porte de sa chambre, lui parut long, aride, infranchissable comme le Sahara. Il pensa qu'il n'y parviendrait jamais. Que faire? Il ne pouvait pas non plus rester indéfiniment sur la terrasse, visible par tous, avec l'air de dire: «Je suis là, mais je ne veux pas me mêler à vous.» Il n'avait qu'une chose à faire: rentrer au salon, bavarder, prendre son mal en patience. Il pensa tout à coup à Jean Langlois dont la présence, souvent, dans ce genre de réceptions, lui avait été d'un incomparable secours. Mais Jean était mort l'année précédente, et la solitude de Frédéric était désormais irrémédiable.

— Madame vous demande, dit Martine Soubirand d'un air d'ennui profond, en étouffant un bâillement.

Frédéric regarda la jeune fille.

— Ton travail n'a pas l'air de t'amuser beaucoup, Martine, dit-il avec un sourire.

Elle rougit.

— Oh si, Monsieur Frédéric (toute la descendance de Gaston l'appelait ainsi), si, si.

— Tu aimerais faire autre chose? Tu veux que j'en parle demain à ton grand-père?

La jeune fille rougit plus encore:

— Oh non, Monsieur Frédéric, non, ce n'est pas la peine, je vais faire un effort, mais ce soir, je suis fatiguée, je vous assure...

Frédéric s'aperçut qu'en voulant être gentil avec elle, il l'avait simplement terrifiée. De quoi se mêlait-il décidément? Il la rassura:

— Bon, bon. Ne t'en fais pas, n'en parlons plus. Tu dis que Madame me demande?

— Oui, Monsieur Frédéric. Elle désigna le salon.

Maïté bavardait avec le Docteur Parent et sa femme.

— Ah, te voilà! Le docteur et Madame Parent t'attendaient pour prendre congé, dit-elle d'un ton excédé.

— Oui, dit le Docteur, nous devons malheureusement partir déjà. Je commence mes visites à six heures le matin. Quelle soirée délicieuse...

Frédéric pensait au Docteur Faure, à qui le Docteur Parent avait succédé. Il était devenu, avec le temps, presque un hôte à demeure de Malaucène. « Le docteur est mon seul ami », disait Isabelle, et celui-ci venait chaque soir boire son porto en terminant ses visites. Personne au château ne s'interrogeait sur les véritables relations entre Madame de Malaucène et le médecin. Parfois, elle le retenait à dîner. Au fil des années, Frédéric avait tout deviné. Il faut dire qu'à partir de la dernière guerre surtout, Isabelle s'était faite moins discrète et parfois, dans le feu d'une discussion, elle posait sa main sur celle du docteur.

— Mon ami..., disait-elle.

Un matin d'octobre 1958, c'était au château, tout naturellement que la bonne du médecin avait envoyé : le docteur était tombé dans sa chambre et ne bougeait plus. Le Docteur Parent faisait ses visites et on ne parvenait pas à le joindre. Isabelle dormait encore, Frédéric s'était précipité. Il n'avait pas eu besoin du Docteur Parent pour comprendre que le vieux médecin était mort. Sa première pensée avait été qu'il allait devoir annoncer cela à sa mère. Quand il était rentré au château, elle déjeunait avec Maïté. Celle-ci (toujours si *adéquate* dans toutes les circonstances) avait déjà préparé sa tante à une mauvaise nouvelle. La vieille femme s'était levée :

— Alors ? et elle s'était rassise.

Frédéric n'avait eu besoin de ne rien dire, ce qui l'avait extrêmement soulagé. Isabelle était restée

sur sa chaise, comme clouée, sans aucun mouvement.

— Tante Isabelle, disait Maïté, Tante Isabelle,
vous m'entendez ?

— Evidemment, murmura la pauvre femme,
évidemment, il a eu quatre-vingts ans cette année...
Il avait l'âge de ton père, dit-elle en se tournant
calmement vers Frédéric, le même âge à quelques
semaines près... et elle fondit en larmes.

— Tante Isabelle, disait Maïté, Tante Isabelle...

— Oui, c'est une région qui s'est beaucoup
développée au point de vue touristique, et l'été, je
dois prendre un jeune collègue pour me seconder. Je
ne suis jamais chez moi avant dix heures du soir.
Vous souvenez-vous, Monsieur le Comte, de la salle
d'attente du Docteur Faure ?

Frédéric sursauta :

— Pardon, excusez-moi...

Le Docteur Parent le regarda d'un air
curieux :

— Je parlais de la salle d'attente du Docteur
Faure, qui était si petite. J'y ai installé ma secrétaire
maintenant.

Frédéric se sentait défaillir. Le docteur lui jetait
au visage la fumée de son cigare, ses tempes
bourdonnaient, sa jambe gauche lui faisait mal à
hurler. Le docteur Parent s'interrompit et le regarda
à nouveau.

— Monsieur le Comte (le médecin était le seul
qui appelât ainsi Frédéric, et cela l'agaçait plus que

tout le reste), Monsieur le Comte, dit-il, est-ce que vous vous sentez bien ?

— Je crois, dit Frédéric, je crois que je suis un peu fatigué...

Il vit Maïté se précipiter sur lui, il entendit des cris, un bruit de verre brisé, et ce fut tout.

III

QUAND FRÉDÉRIC obtint sa licence en droit, sa mère organisa une grande fête à Malaucène. Frédéric avait invité Jean Langlois. Après quelques semaines de repos, les deux jeunes gens projetaient de partir pour l'Espagne, où Jean, à son tour, recevrait Frédéric dans sa famille. Le lendemain de leur arrivée, débarquèrent les Mérindol au complet, l'oncle, la tante, les deux cousins Jacques et François, et la cousine Marie-Thérèse qui venait d'avoir dix-huit ans, et que la tante de Mérindol avait littéralement sortie de sa manche, comme une carte, depuis la rentrée précédente. Marie-Thérèse n'était ni laide ni sotte, juste un peu enlaidie et abrutie par les soins vigilants de sa mère et de l'institution religieuse où elle avait fait des études secondaires complètes, bac compris. Elle avait accompagné ses frères dans plusieurs sorties, parmi les plus convenables, au cours de l'hiver, et avait prié son cousin

Frédéric de la mener à quelques bals. Frédéric l'aimait bien, parce qu'elle avait une certaine gravité et une timidité qui l'empêchait de pousser des cris et de sauter en l'air comme la plupart de ses amies. Elle aurait bien aimé continuer ses études après le bac, mais, en 1928, chez les Mérindol, les jeunes filles ne fréquentaient pas l'Université, même pas l'Institut catholique où elle avait supplié en vain son père de l'inscrire. Cette déception lui donnait l'air triste et fâché qu'elle promenait depuis une saison dans le monde et qui touchait Frédéric. Quant à elle, elle était si passionnément amoureuse de son cousin que sa mère n'avait pas tardé à s'en apercevoir.

Mérindol en parla officieusement à sa sœur. Isabelle n'y voyait pas d'inconvénient, si ce n'est que les mariages entre cousins... Le Docteur Faure, secrètement consulté, la rassura: seules les tares présentes mais cachées pouvaient surgir; or, Isabelle était bien sûre qu'il n'y avait aucune tare cachée chez les Mérindol. Et puis elle avait hâte que Frédéric vînt s'installer à Malaucène, et prît le domaine en main.

On mena donc rondement l'affaire. Quand Isabelle en parla à son fils, il ne fut pas réellement surpris. L'idée ne l'enthousiasmait pas vraiment, mais il ne trouvait aucun argument contre, et, surtout, cela semblait faire plaisir à tant de monde! Parmi les jeunes filles *mariables* que les mères lui jetaient dans les jambes depuis quelques saisons, Maïté était sûrement celle qu'il préférait. D'ailleurs, dire non aurait été si compliqué! Frédéric détestait faire de la peine. Isabelle marchait à côté de lui dans le parc, vive, légère dans une robe dansante en mousseline gris perle, si jeune, si éclatante à quarante-six ans... Elle parlait du domaine et de la joie qu'elle aurait à voir s'installer le jeune couple auprès d'elle.

— Avez-vous remarqué, Maman, que Maïté vous ressemble énormément depuis qu'elle est sortie de pension? demanda-t-il, soudain frappé.

Frédéric et Jean Langlois partirent pour l'Espagne une semaine après les fiançailles. Marie-Thérèse avait tenté de protester un peu, vite convaincue par sa mère qu'une séparation pour l'été était *plus convenable*. Pas question non plus d'accompagner les jeunes gens avec l'automobile jusqu'à Avignon. La séparation se fit à la grille. Elle pleurait. Frédéric était triste pour elle. Il la suivit des yeux jusqu'à ce que la voiture tournât l'allée. Et il n'y pensa plus jusqu'à la première carte qu'il lui envoya de Barcelone, une semaine plus tard, le jour où la sœur de Jean, Hélène, qu'ils venaient de retrouver et qui devait faire route avec eux jusqu'à Madrid, lui eût, sur une terrasse des Ramblas, entre deux massifs de fleurs jaunes, présenté son amie Olvido.

Olvido... Elle parlait un peu le français et Hélène traduisait, ce qui rendait la conversation mal aisée. En ce milieu d'août, à Barcelone, la chaleur était étouffante. Les bruits du grand boulevard, les voix sonores autour d'eux, les gamins qui les harcelaient avec leurs grandes boîtes de cirage dont ils faisaient claquer le couvercle, le parfum des énormes fleurs jaunes, tout cela donnait à Frédéric l'impression qu'il allait s'évanouir. Olvido avait aux oreilles de grands anneaux qui brillaient. Son éventail remuait à toute vitesse. Il ne comprenait pas son accent. Il ne comprenait plus rien. Brusquement il se leva, et prétextant une lettre urgente ou un télégramme, il s'enfuit à toutes jambes.

— C'est vrai qu'il est bizarre, ton ami, dit Hélène à son frère. Mais il est vraiment beau.

Olvido approuva.

En arrivant à l'hôtel, Frédéric se mit à penser à Maïté. Son image lui traversa l'esprit, et il fut tout ému au souvenir de sa douceur, de ses cheveux fins et parfumés, de ses lèvres timides. Dans le hall, il lui acheta une carte postale qui représentait les arènes de Barcelone. « Tu me manques, écrivit-il. Nous y reviendrons ensemble. »

Le soir, Jean lui expliqua qu'Olvido voulait dire oubli.

Ils se revirent à Madrid, et, quelques semaines plus tard, en enfouissant son visage dans ses mains où restait accroché un violent parfum de santal, Frédéric comprit qu'Olvido était, serait vraiment pour lui, et à jamais, l'oubli.

Olvido. Tes lèvres violettes. Olvido. Tes cheveux lourds et glissants comme de l'eau. Olvido.

— Federico, disait-elle, Federico, vén.

Pour toujours le ventre des femmes, les seins des femmes, la bouche des femmes, les jambes des femmes qui s'enroulent autour de vos reins, pour toujours la voix des femmes qui murmurent dans votre oreille, pour toujours s'appelleront Olvido. Elle portait en elle l'oubli des amours passées ou futures, l'oubli de tout.

Ils parlaient peu ensemble, parce qu'il ne leur était pas facile de se comprendre avec des mots. Elle prenait la tête de Frédéric entre ses mains et l'écrasait contre sa poitrine. Parfois, elle le regardait et se mettait à le frapper avec ses poings fermés avant de s'abattre sur lui en sanglotant. Plusieurs fois, il s'était éveillé, incommodé par l'extrême chaleur de l'été madrilène, alors qu'elle dormait contre lui; il l'avait regardée dormir avec un senti-ment d'existence et de puissance qu'il n'avait jamais ressenti auparavant: il avait l'impression qu'elle reposait là, si ronde, si brune, si apaisée, *à cause* de lui, grâce à lui. Que ses caresses avaient modelé ce corps, alourdi ces cheveux, plongé cette femme dans ce sommeil heureux. Une fois même, tandis qu'elle tremblait, si petite, dans ses bras, il avait pensé qu'il aurait pu la tuer, là, rien qu'en serrant un peu plus fort, ou en la pliant en deux dans le mauvais sens. Pour la première fois, Frédéric se sentait maître de son bonheur et de sa vie.

Olvido était souvent sombre et silencieuse, mais parfois elle emmenait, dans une automobile de louage, Frédéric visiter d'autres villes où ils ne connaissaient personne. Elle était alors très gaie, chantait dans la rue, parlait fort dans les cafés, se bourrait de gâteaux spongieux. Elle cueillait des bouquets de jasmin qu'elle piquait dans ses cheveux noirs, voulait louer des mules pour monter jusqu'à l'Alcazar de Tolède. A Tolède, justement, ils passèrent deux jours à l'hôtel sous le nom de Monsieur et Madame Frédéric de Malaucène. A la fin du deuxième jour, en rangeant ses flacons dans sa mallette de voyage, elle fut prise d'une crise de sanglots violents. Frédéric, essayant de la consoler, se mit à pleurer avec elle, et ils s'abattirent ensemble sur le grand lit de l'hôtel, mêlant les pleurs et les baisers.

Frédéric ne savait pas grand-chose d'elle. L'absence de langue commune ne facilitait pas les confidences. De quelques années plus âgée qu'Hélène Langlois, elle avait été son professeur de piano avant de devenir son amie et s'était mariée à vingt-sept ans − c'est-à-dire très tard − avec un militaire de carrière qu'elle n'aimait pas. Son mari était pour quelques mois au Maroc et, à son retour, ils partiraient pour Cadix où il devait prendre un nouveau commandement. Frédéric envisagea tout, jusqu'à l'enlèvement, la fuite en Amérique du Sud sous un faux nom, où Olvido recommencerait une brillante carrière de pianiste.

Vers la fin septembre, Isabelle écrivit sa déception : elle avait espéré que cette année, libre d'examen, Frédéric aurait eu à cœur d'être à Malaucène pour les vendanges. Maïté et sa mère étaient restées jusqu'au dernier moment, et puis elles avaient dû repartir pour Paris, bien tristes, tu peux me croire, surtout la petite.

Frédéric enroulait autour de ses poignets les lourds cheveux noirs.

— Esposas, disait Olvido en riant.

— Je ne peux pas partir, disait-il, tu vois, je suis attaché.

Il frottait son visage contre le ventre brun.

— Olvido, Olvido. Garde-moi.

Olvido ne répondait pas. Simplement, quand il lui annonça en sanglotant son départ, elle lui promit qu'elle ne l'oublierait jamais.

Frédéric et Maïté se marièrent à Malaucène au printemps 1929, mais ne s'y installèrent définitivement que l'année suivante, quelques mois avant la naissance d'Alexandre, en juin. Maïté mettait du temps à se rétablir après une grossesse pénible et Isabelle, enchantée, s'occupait de tout. Le bonheur de sa femme, et surtout de sa mère, faisait plaisir à Frédéric. Quand il les voyait toutes les deux penchées avec extase sur le berceau blanc, sous un grand parasol, il se disait que ce n'était pas vraiment difficile de rendre les gens heureux.

Jean Langlois se maria cet été-là à Madrid. Les Malaucène ne se rendirent pas au mariage. Alexandre était trop petit pour faire le voyage et Maïté ne voulait pas s'en séparer. D'ailleurs, Frédéric ne tenait pas tellement à se rendre en Espagne et répugnait à quitter Malaucène l'été, en pleine récolte des fruits, maintenant qu'il avait repris en main le domaine. En échange, on invita les jeunes mariés. Ils s'arrêtèrent quelques jours sur le chemin de l'Italie.

Le premier soir, Jean entraîna Frédéric dans le parc pour faire quelques pas. Il était heureux, amoureux de sa femme et impatient de partager son bonheur avec son ami.

— Le plus difficile, c'est de savoir où vivre, de se fixer quelque part. Nous autres, enfants de diplomates, nous n'avons pas vraiment de lieu. Le père de Laurence est ambassadeur de Belgique. Elle a vécu un peu partout avant que sa famille s'installe à Madrid...

Il tapait le sol de son talon :

— Toi, tu n'as pas ces problèmes. Il y a Malaucène, et puis voilà.

— Oui, dit Frédéric, c'est exactement cela, il y a Malaucène, et puis voilà...

— Et Maïté... Et maintenant ton fils... Tu es heureux, Frédéric ? Tu as l'air heureux.

Il y a des moments où on a l'impression que ne pas être heureux serait inconvenant, indécent, inimaginable. Comme d'exiger des gâteaux à la crème au milieu de la famine générale. Des moments aussi où l'on sent que les gens qu'on aime ont besoin de notre bonheur, qu'on le leur doit, qu'on ne pourrait pas se permettre de paraître en douter. D'ailleurs, Frédéric était heureux. Quelle raison aurait-il eue de ne pas l'être ? Il tenta toutefois d'expliquer à Jean que la paternité le rendait perplexe.

— Ce n'est pas ce que j'avais imaginé... J'ai l'impression que cet enfant ne me concerne pas... J'imagine que c'est parce qu'il est encore si petit...

C'est dans ces moments, vois-tu, que mon père me manque...

Ils parlèrent du domaine et de la propriété que Jean et Laurence allaient acheter à Cadaquès, un tout petit village de pêcheurs, sauvage et pittoresque sur la Costa Brava.

— Il faudra y venir l'été, c'est superbe. Et je suis sûr que tu seras heureux de retrouver l'Espagne que tu avais tant aimée il y a deux ans.

Frédéric acquiesça. Lentement, ils remontaient vers le château dans le grésillement des cigales.

— Quelle belle nuit, dit Jean.

— Oui, dit Frédéric, quel beau pays! Tu as raison, mon vieux, je suis heureux à Malaucène.

IV

FRÉDÉRIC, incapable de parler et de bouger, bardé de tuyaux et de compteurs, se laissait faire avec intérêt. Maïté pleurait tout le temps. L'ambulance glissait dans un rêve. Frédéric avait juste un peu de peine à respirer. Une fois déjà, il avait été ainsi, incapable de remuer, dans un lit d'hôpital. Il y avait très longtemps, Frédéric n'arrivait plus à se souvenir. Il avait mal, aussi, à la jambe, mais surtout dans la poitrine.

— Tu n'as besoin de rien? disait Maïté, je vais sortir un moment, Alexandre restera avec toi.

Alexandre? Frédéric n'avait pas remarqué jusqu'ici la présence de son fils. Il tenta de répéter, surpris et interrogateur:

— A...A-lex...andre?

— Ton père t'appelle, vite!

Un visage d'homme mûr se penchait sur lui:

— Oui, Papa, tu m'appelles? Tu veux quelque chose?

Frédéric fermait les yeux.

Dans cet autre hôpital, il y a très longtemps, il y avait aussi une femme... Mais tout ça était trop loin, il était trop fatigué, et il avait de plus en plus de peine à respirer.

— Le problème avec ton père, expliquait le Professeur Delplace à Alexandre, c'est ce poumon foutu. Cela doit faire longtemps qu'il traîne cette insuffisance respiratoire et son cœur en a pris un coup. Je ne savais pas qu'il était mutilé de guerre.

On avait transporté Frédéric à Avignon où le chef du service de cardiologie était un vieil ami d'Alexandre.

— Mieux que cela, mon vieux. Il s'agit de la guerre d'Espagne, avait répondu Alexandre.

Il ne savait pas grand-chose de cet épisode à la fois mythique et secret de la vie de son père. Lui-même n'avait à l'époque que six ou sept ans.

— Je crois qu'il avait plus ou moins quitté la maison à ce moment-là. Il avait des amis en Espagne, dont un que j'ai bien connu et qui est mort l'année dernière. Je ne sais pas, j'ai vaguement interrogé mon oncle François, le frère de ma mère, mais mon père et lui ne s'aiment pas beaucoup. Il semble que mon père ait été bloqué en Espagne, coincé par la guerre et blessé là-bas, puis rapatrié. On n'en parle jamais, sauf justement parce qu'il avait de plus en plus de mal à respirer.

— Ça ne m'étonne pas. Tu savais qu'il avait eu un poumon perforé de part en part et quasiment inutilisable ?

Quand Alexandre s'approchait de lui, Frédéric fermait les yeux. Il était si bien comme ça ! La douleur dans la poitrine n'était plus si forte, et celle de sa jambe avait totalement disparu. Parfois, il entendait des voix autour de lui. Parfois, juste des bruits. La femme assise presque en permanence à côté de son lit parlait peu. Il la voyait mal entre ses cils baissés, juste une silhouette. Mais quand elle se penchait sur lui pour lui rafraîchir le front avec une serviette humide, il était envahi par l'odeur de santal de ses cheveux, il percevait l'éclat de ses anneaux d'or. Elle posa ses lèvres fraîches sur ses lèvres, à lui, sèches et craquelées. Elle murmura quelques mots qu'il ne comprit pas. Il répondit :

— Moi non plus, je ne t'oublierai jamais.

Mais on n'entendit qu'une sorte de soupir, et Maïté, renversant avec fracas sa chaise de métal, se mit à crier.

TABLE DES MATIÈRES

Cet ouvrage,
qui constitue la deuxième édition de
« Les Passantes »,
a été achevé d'imprimer
en juin 1990
sur les presses
de l'Imprimerie Cornaz s.a.
à Yverdon-les-Bains